Gerd Engel

Materialien und Kopiervorlagen zu

Otfried Preußler
Die kleine Hexe

Hase und Igel®

Inhalt

www.hase-und-igel.de
Lektorat: Patrik Eis
Illustrationen: Susanne Andorf-Engel
Druck: Joh. Walch GmbH & Co. KG, Augsburg

ISBN 978-3-86316-040-1
2. Auflage 2022

Ein Klassiker der Kinderliteratur

„Die kleine Hexe“ war nach „Der kleine Wassermann“ der zweite große Erfolg des damaligen Volksschullehrers Otfried Preußler. Das Buch erschien 1957 und wurde unter anderem in die Auswahlliste für den Deutschen Jugendbuchpreis aufgenommen. Die meisten von uns kennen das Buch aus ihrer eigenen Kindheit, sind mit den Bildern der Hexe groß geworden und haben womöglich schon Schülergenerationen daraus vorgelesen.

Nach Angaben von Otfried Preußler ist die Geschichte von der kleinen Hexe als Einschlafgeschichte für seine Töchter entstanden. Diese hatten einmal Angst vor dem Einschlafen „wegen der bösen Hexen“. Daraufhin habe er ihnen gesagt, es gebe keine bösen Hexen mehr. Zur Unterstützung dieser Behauptung hat Preußler in der darauf folgenden Zeit die Geschichte von der kleinen Hexe erfunden, die ein Jahr lang versucht eine „gute Hexe“ zu sein.

Die Geschichte ist der erste Versuch der Kinderliteratur, eine Hexe als Handlungsträgerin und positive Identifikationsfigur aufzubauen. Hexen kamen bis dahin vorwiegend im Volksmärchen als böse alte Frauen mit magischen Kräften vor.

Die Identifikation der jungen Leser mit Preußlers Hexe wird direkt zu Beginn angebahnt. Sie ist nämlich „erst einhundertsiebenundzwanzig Jahre alt und das ist für eine Hexe noch gar kein Alter“. Sie ist mit anderen Worten, obschon äußerlich bereits eine alte Frau, für Hexenverhältnisse noch ein Kind. In dieser Rolle verletzt sie gleich zu Beginn ein Tabu der erwachsenen Hexengesellschaft. Sie nimmt heimlich am jährlichen Tanz auf dem Blocksberg teil, wird dabei prompt erwischt und bestraft. Die übrigen Hexen werden als besonders gehässig gezeichnet, allen voran die Muhme Rumpumpel (Muhme: heute veralteter Ausdruck für eine weibliche Verwandte).

Um im nächsten Jahr in der Walpurgisnacht am Hexentanz teilnehmen zu dürfen, verspricht die kleine Hexe der Oberhexe eine „gute Hexe“ zu werden. Der Rabe der kleinen Hexe, Abraxas, übernimmt es fortan, sie daran zu erinnern. Nach seiner Deutung des Begriffs gehört dazu nicht nur, fleißig das Hexenbuch zu studieren, sondern auch auf gemeine Streiche zu verzichten und gute Werke zu tun. Im langen Mittelteil wird episodenhaft dieser Kampf für das Gute geschildert.

Einmal nur übertritt die kleine Hexe dabei aus Übermut ein weiteres Hexengebot: Sie hext an einem Freitag, zur Belustigung zweier Kinder, die sich verlaufen haben. Dabei wird sie offenbar von Rumpumpel beobachtet. Dies ist eine von zwei Stellen, an der die Bedrohung durch die missgünstige Wetterhexe noch einmal deutlich wird.

Im vorletzten Kapitel „Vor dem Hexenrat“ wird das komische Missverständnis deutlich, dem Abraxas und die kleine Hexe erlegen waren: Nur eine böse Hexe ist, nach Meinung des Hexenrates, eine gute Hexe. Für ihre guten Taten wird die kleine Hexe deshalb von den anderen Hexen gründlich verprügelt. Außerdem muss sie ganz alleine das Feuer für den Hexentanz der Walpurgisnacht vorbereiten.

Die kleine Hexe aber benutzt die Hexenbesen der anderen Hexen als Feuerholz, zaubert alle Hexenbücher herbei und verbrennt sie ebenfalls. Anschließend hext sie „den großen Hexen das Hexen ab“. Damit ist sie die letzte verbleibende Hexe auf der Welt. Preußler verzichtet offenbar bewusst darauf, die Überraschung und den Zorn der solchermaßen entzauberten Hexen zu schildern. Der Sieg der guten Heldin ist eindeutig und unzweifelhaft – ein aus heutiger Sicht fast zu märchenhaftes Ende. Hier wird deutlich, welche Vorreiterrolle Preußler 1957 mit seinem Buch innehatte. Nachfolgende Autoren konnten sich unbefangener in der Welt des Okkulten bewegen.

Auch an anderen Stellen wird spürbar, dass Preußler dieses Buch vor mehr als sechzig Jahren schrieb. Über diese Stellen gilt es mit den Kindern zu stolpern, sie zu reflektieren und etwas über die Zeit und die Sprache ihrer Großeltern zu lernen (siehe Kopiervorlagen S. 71 – 75). Faszinierend ist die schlichte Prägnanz von Preußlers Sprache und die Wärme, die dieses Buch auch nach so vielen Jahren noch lesenswert machen.

Die episodenhafte Struktur der Geschichte erlaubt es, die Lektüre zu kürzen, z. B. als differenzierende Maßnahme für schwächere Leser. Kapitel, die sich zur Kürzung besonders eignen, sind: 9, 14, 15, 16, 17 und 18.

Die kindbezogenen Grundthemen des Buches sind nach wie vor aktuell:

- etwas Verbotenes tun / übermütig sein
- wegen der eigenen Wut nicht bei der Sache sein
- Mitleid haben und helfen
- gehänselt, bedroht und enttäuscht werden
- Rache nehmen wollen
- für ein Ziel arbeiten und sich anstrengen

Ganzschriften im Unterricht

In der Schule werden bei der Lektüre einer Ganzschrift stets mehrere Ziele verfolgt:

- einen sachgerechten Umgang mit Büchern und Texten vermitteln,
- die Fähigkeit zur Sinnentnahme steigern (Lesetechnik),
- Lust auf Lesen / Bücher / Literatur machen („Ich habe ein ganzes Buch gelesen."),
- Literatur verstehen lernen,
- sich selbst, andere und unsere Umwelt besser verstehen lernen.

Der dritte Punkt ist zweifellos der wichtigste, denn ohne Spaß am Lesen wird ein Kind in seiner Freizeit kaum freiwillig zu Büchern greifen. Unlust kann entstehen durch Überforderung bzw. Unterforderung, durch ein Übergehen kindlicher Erwartungen und Interessen sowie durch übertriebene didaktische Ausreizung der Lektüre. Nicht zuletzt deshalb ist es unbedingt zu empfehlen, bei den hier gemachten Unterrichtsvorschlägen im Hinblick auf die eigene Lerngruppe eine Auswahl zu treffen.

Das Thema „Hexen" in der Schule

Die Lektüre von Preußlers Buch kann Bestandteil oder Ausgangspunkt eines größeren Unterrichtsprojekts sein. Das Thema „Hexen" ist mittlerweile ein klassisches Grundschulthema. Zum einen spricht es die Kinder emotional stark an: Das Spektrum reicht von Grusel und Schauder über Witz und Komik bis hin zu der faszinierenden Vorstellung, mit Hexerei über fast unbegrenzte Macht zu verfügen, und bietet daher vielfältige Möglichkeiten im musisch-ästhetischen und sprachlichen Bereich.

Andererseits kann die Hexenthematik – durch das angstmachende Potenzial des Hexenglaubens okkulter Zirkel oder durch die grausame Geschichte der Hexenverfolgung durch die christlichen Kirchen – auch als problematisch wahrgenommen werden. Je nach religiöser Ausrichtung der Elternschaft, besonders bei christlichen Fundamentalisten, wird dem Thema im Einzelfall sehr misstrauisch begegnet. Dies gilt es bei der Planung zu berücksichtigen. Unser Material beschränkt sich, im Sinne Preußlers, auf die Hexe als literarisch-märchenhafte Figur und die Zauberei als Stilmittel fantastischer Literatur.

Zur Arbeit mit diesem Material

Bei dieser Lektüre darf man damit rechnen, dass einigen Kindern der Inhalt des Buches durch das Vorlesen im Elternhaus oder Kindergarten, durch das Hörspiel aus dem Jahr 1971 oder durch die Verfilmung von 2018 schon bekannt sind. Dies braucht die Motivation aber nicht zu schmälern – im Gegenteil: Kinder freuen sich, wenn sie beim Lesen Bekanntes wiederentdecken. Uns Lehrern wird es dadurch ermöglicht, nicht die Kontrolle der Sinnentnahme in den Mittelpunkt zu stellen, sondern ein differenziertes Angebot bereitzuhalten, das die Kinder zu produktivem Umgang ermutigt und zu vertieften Einsichten in dieses Meisterwerk der Kinderliteratur führt.

Fällt also das elementare Lesemotiv „Ich will wissen, wie es weitergeht!" weg, weil man den Ausgang des Buches schon kennt, dann braucht es andere Impulse, sich den Lesestoff anzueignen:

- Vergleich zwischen Textpassagen im Buch mit der Hörspielfassung: Wo hat sich der Text verändert? Welche dramaturgischen Elemente sind ergänzt worden?
- Gestaltung von Textpassagen als Lesevortrag, als Hörstück mit Geräuschen und Musik oder als Hörspiel mit verteilten Leserollen bzw. als Theaterszene (Rollenspiel, Puppenspiel oder Schattenspiel).
- Vergleich des Buches und seiner Hauptfigur mit anderen Hexenbüchern. Für den Vergleich mit weiteren literarischen Hexen kann der Steckbrief von Seite 20 dienen.
- Gesprächs- und Schreibimpulse (vgl. Abschnitt „Zu allen Kapiteln" auf S. 6).

Das vorliegende Material erlaubt ein offenes, auch arbeitsteiliges Vorgehen, aber ebenso ein sukzessives gemeinsames Durcharbeiten der Kapitel. Ich persönlich favorisiere eine offene Organisation mit festen stillen Lesezeiten von mindestens 20 Minuten. Jeder kann nach seinem Tempo die Lektüre fortsetzen, Stellen wiederholend lesen oder über das Buch hinaus lesen (Büchertisch mit Hexenbüchern). In den darauf folgenden Arbeitszeiten können die Kinder an frei gewählten oder verbindlichen Aufgaben zum Thema arbeiten. Das Weiterlesen sollte aber nicht unterbunden werden. Leseförderung bleibt das oberste Ziel.

Bei aller Offenheit: Der Einstieg in die Lektüre sollte gemeinsam erfolgen. Spätestens hier können Sie erfahren, ob die Kinder konkrete Vorkenntnisse mitbringen und welche Erwartungen sie haben. Kinder, die den Ausgang des Buches kennen, werden zu Geheimnisträgern ernannt. Ein schöner Impuls für den Lektürebeginn ist es, den Schluss des ersten Kapitels aus dem Hörspiel vorzustellen. Die Kinder können dann beim Lesen danach suchen.

Zu fast jedem Kapitel bietet das Unterrichtsmaterial mindestens eine Lesekontrolle oder sprachliche bzw. orthografische Übung an. Dieses Gerüst wird ergänzt durch „Hexperimente" – naturwissenschaftliche Aktivitäten rund um das Thema Hexen –, Lieder, Bastelvorschläge, Rezepte, mathematische Knobeleien und ein abschließendes Würfelspiel. Natürlich ergeben sich vielfältige Möglichkeiten, sich schreibend mit der Lektüre auseinanderzusetzen (produktives Schreiben) oder sich von ihr anregen zu lassen (kreatives Schreiben). Auf welche Aktivitäten die jeweilige Kopiervorlage (KV) abzielt, zeigt die Symbolleiste auf einen Blick:

Das Material kann Ihnen, gerade weil es so umfangreich ist, die eigene Planung nicht vollständig abnehmen. Es wird Sie jedoch entlasten, motivieren und anregen.

Die Seitenangaben in diesem Unterrichtsmaterial beziehen sich auf die Schulausgabe von „Die kleine Hexe", erschienen 2007 im Thienemann Verlag (19. Auflage 2021).

Zu allen Kapiteln

Suchflüge

Diese Kopiervorlage kann lektürebegleitend immer wieder für verschiedene Sprachforscheraufträge (s. Vorschläge im grauen Kasten rechts) genutzt werden. Als Suchgebiet tragen Sie beispielsweise ein Kapitel oder eine Seitenzahl ein. Die Fahne von Abraxas zeigt den Suchauftrag an (z.B. zusammengesetzte Nomen). In der Lupe können Sie bereits einige Beispiele notieren, damit alle wissen, worum es geht. Sprachforscheraufträge sind in besonderer Weise dazu geeignet, ohne großen Aufwand ein in sich differenziertes, partnerschaftliches und ggf. arbeitsteiliges Arbeiten im Rechtschreib- und Grammatikunterricht zu ermöglichen. Jedes Kind bzw. jedes Tandem sammelt nach seinen Möglichkeiten. Mit den gesammelten Wörtern können je nach Wunsch noch weitere Aufgaben durchgeführt werden.

Vorschläge für Sprachforscheraufträge

- Zusammengesetzte Wörter/zusammengesetzte Nomen (Bei welchen der zusammengesetzten Nomen kann man Grundwort und Bestimmungswort tauschen? Welche haben ein Fugen-s?)
- Wörter mit Vorsilben (ver-, vor-, be-, ent-, un-, an-, aus-, zer-, zu-, ab-)
- Wörter mit Doppelkonsonanten sowie tz bzw. ck (bei zweisilbigen Formen Reimwörter suchen und im Wörterbuch nachschlagen lassen)
- Wörter mit ie
- Wörter mit ß
- Wörter mit ä/äu (weitere Mitglieder der Wortfamilie aufschreiben lassen)
- Verben mit unregelmäßigen Vergangenheitsformen (Grundform und andere Personal- und Zeitformen nachschlagen und aufschreiben lassen)
- Verben aus dem Wortfeld „sagen"
- Adjektive (steigern lassen)

Schreibwerkstatt

Zu den Vorschlägen 2 bis 6 gibt es Anregungen in dieser Materialsammlung.

- Ein weiteres Kapitel erfinden: KV „Nichts für Anfänger" (S. 69)
- Kapitelfortsetzung: KV „Hexen-Solitaire" (S. 58)
- Parallelgeschichte: KV „Das Wort im Munde rumdrehen" (S. 37/38)
- Erzählung aus einer anderen Perspektive: KV „Rumpumpel spioniert" (S. 46), KV „Die wundersame Papierblumenvermehrung" (S. 41)
- Interview: KV „Interview mit der *Hexenwelt*" (S. 32)

Die kleine Hexe hat Ärger

Im ersten Kapitel werden die beiden Hauptfiguren mit ihren wichtigsten Eigenschaften eingeführt. Die Kopiervorlagen der Seiten 19 bis 21 lassen sich natürlich auch zu einem späteren Zeitpunkt einsetzen bzw. ergänzen oder überprüfen.

Die Personenbeschreibung ist ein häufig praktiziertes Analyseverfahren. Es erfordert Lektüreverständnis, beschränkt sich dabei aber auf relativ gut abgrenzbare Aspekte. Außerdem schult es das selektive Lesen, das Bewerten und Ordnen von Informationen und das Formulieren auf der Grundlage von Stichwörtern. Hier werden drei Möglichkeiten angeboten.

Schreiben und beschreiben
Der falsche Satz in der Beschreibung des Raben lautet: „Von ihm lernt die kleine Hexe auch die Hexenkunststücke.“ Bei der Stichwortsammlung auf Zetteln werden die Kinder aufgefordert, unter dem sehr offenen Suchauftrag „Sammle Informationen über ...“ den Text zu durchforsten. Beim Ordnen der Stichwortzettel sind sie gezwungen Kategorien zu bilden, z. B. äußere Merkmale, Charaktereigenschaften. Die Aufgabe ist gut für Partner- oder Gruppenarbeit geeignet. Jedes Kind kann zunächst eigene Zettel schreiben; das Ordnen erfolgt dann gemeinsam.

Ein Steckbrief von der kleinen Hexe
Der Steckbrief bietet die Hilfe eines differenzierten Suchrasters an. Die Kinder kennen ein solches Raster vielfach aus Freundebüchern, die heute das klassische Poesiealbum weitgehend verdrängt haben. Das Raster lässt sich im weiteren Verlauf der Lektürearbeit ergänzen. Für die Umsetzung in einen Fließtext bietet es bereits eine Struktur, die abgearbeitet werden kann. Vor allem, wenn eine solche Aufgabe zum ersten Mal durchgeführt wird, sollte besonderes Augenmerk auf wechselnde Satzanfänge, Satzverbindungen, Verknüpfungen und Überleitungen gelegt werden.

Eine „Ver-“schreibung
Wer die Personenbeschreibung methodisch nicht vertiefen möchte, findet hier eine durch Umkehrung verfremdete Beschreibung der kleinen Hexe, die die Kinder mündlich oder schriftlich berichtigen können. Dabei wird die Idee der „Umgekehrtsprache“ aufgegriffen (vgl. siebtes Kapitel „Vorwärts, mein Söhnchen!“ sowie KV „Das Wort im Munde rumdrehen“, S. 37/38).

Heia, Walpurgisnacht!

Die Verwendung von wörtlicher Rede ist ein geeignetes Stilmittel, um erzählende Kindertexte interessanter und lebendiger zu machen. Die Hauptschwierigkeit liegt dabei zweifellos in den Begleitsätzen. Kinder lassen sie häufig weg und schreiben sehr dialogisch, wodurch das Verständnis erschwert wird. Häufig weiß man in noch nicht überarbeiteten Kindertexten nicht, welcher Handlungsträger gerade spricht. Hinzu kommt die mangelnde Beherrschung der schwierigen Interpunktion. Hier bietet es sich an, vom „Profi“ das nötige Handwerkszeug zu lernen. Das zweite Kapitel ist dazu besonders geeignet. In der Regel klingen Begleitsätze besser, wenn

- verschiedene Typen benutzt werden (vorangestellter, eingeschobener und nachgestellter Begleitsatz),
- treffende Verben aus dem Wortfeld „sagen“ verwendet werden,
- durch weitere Ergänzungen die Art und Weise des Sprechens beschrieben wird,
- der Begleitsatz auch Handlungsbeschreibungen enthält.

Mögliche methodische Schritte:

1. Gemeinsames Hören des zweiten Kapitels der Hörspielfassung.
2. Die Kinder markieren auf einer Kopie die wörtliche Rede mit vier verschiedenen Farben: kleine Hexe, Rumpumpel, Oberhexe, weitere Hexen (Nebel-, Berg-, Wetter-, Knusper-, Sumpf-, Kräuter-, Windhexen, Hexenchor). Die Begleitsätze bekommen eine eigene Markierung.
3. Lesen mit verteilten Rollen in Fünfergruppen.
4. Erneutes Hören der Hörspielfassung.
5. Arbeit mit den Kopiervorlagen.

KV Seite 22

Lernen vom Profi: Der Begleitsatz
Preußler geht mit beschreibenden Zusätzen (z. B. „... sang sie *aus voller Kehle*“) sparsam um. Deswegen werden hier zunächst die Verben der Begleitsätze in den Mittelpunkt gestellt: rufen, schreien, kreischen usw. Für viele Kinder bedeuten die unregelmäßig gebildeten Präteritumsformen eine zusätzliche Schwierigkeit. Es ist sinnvoll im Sinne einer langfristig angelegten Schreiberziehung, eine Kartei oder einen Ordner einzurichten, mit dem die Kinder Verben aus dem Wortfeld „sagen“ in allen Zeit- und Personalformen sammeln, ordnen und nachschlagen können. Dies hilft ihnen beim Verfassen und vor allem beim Überarbeiten von eigenen Texten. Das gleiche gilt für die beschreibenden Zusätze.

Wörtliche Rede I/II
Die Zeichensetzung bei der wörtlichen Rede fällt vielen Kindern schwer. Besonders mit eingeschobenem Begleitsatz bleibt sie oft auch im vierten Schuljahr ein Buch mit sieben Siegeln. Für weniger starke Lerner dürfte schon die Vermittlung der grundlegenden Einsicht: „Die wörtliche Rede wird immer von Anführungsstrichen eingerahmt“, als Erfolg betrachtet werden. Trotzdem ist es wichtig, allen Kindern auf ihrem jeweiligen Niveau Lernfortschritte zu ermöglichen. Die beiden Arbeitsblätter ermöglichen ein arbeitsteiliges, leistungsdifferenziertes Vorgehen in zwei bis drei Gruppen.

Tipp: Möglicherweise schalten Sie noch eine Zuordnungsübung vor. Sie zerschneiden dafür das erste Arbeitsblatt in Satzstreifen und mischen diese. Die Kinder sollen die Streifen zunächst farbig markieren (wörtliche Rede/ Begleitsatz) und dann einer der beiden Gruppen (vorangestellter Begleitsatz/nachgestellter Begleitsatz) zuordnen.

KV Seite 25/26

Heia, Walpurgisnacht! (Text und Noten)

Dieses Lied kann man mit einem Vorspiel gruseliger Geräusche versehen (siehe KV „Schaurige Klänge“, S. 27). Der kursiv gedruckte Anfangstext kann je nach Geschmack geflüstert oder mit wechselnder Lautstärke gesprochen werden. Die Stimmung des Hexentanzes wird auch gut getroffen, wenn zwei oder mehr Gruppen den Text versetzt sprechen, zischen oder in einen Resonanzkörper hineinraunen.

KV Seite 27

Schaurige Klänge

Unheimliche Geräusche und Klänge können ein Lied vorbereiten oder begleiten, ein Hörspiel oder eine szenische Darstellung untermalen und gestalten. Sie lassen sich auf vielfältige Art erzeugen: mit „richtigen“ Instrumenten (Orff-Instrumentarium) oder selbst gemachten Klangerzeugern: Flaschen, Gläsern, Töpfen, Deckeln, Holzresten, Kronkorken, Drähten, Gummis, alten Kupferrohren, Blechen, Dosen, Kisten, Kartons usw. Sie lassen sich zupfen, schlagen, mit verschiedensten Materialien füllen, rütteln und schütteln, schleifen und reiben. Der Fantasie sind hier keine Grenzen gesetzt. Ein schönes Thema, um technische, physikalische, künstlerische und musisch-ästhetische Aspekte produktiv zu verbinden.

Sind genügend Materialien zusammengetragen, Werkzeug und Klebstoff/Klebeband vorhanden, dann kommen die Kinder von alleine auf viele Ideen. Die Vorschläge auf der Kopiervorlage sind erprobt und sollen ein wenig Appetit machen.

Heimliche Zwillinge

In diesem Suchrätsel stecken auch einige interessante kombinatorische Aspekte. Die Hexen unterscheiden sich in den Merkmalen: Spinne, Ohrring, Wimpern, Warze und Kette. Wie viele verschiedene Hexen kann man daraus kombinieren? Mit einem Merkmal kann man zwei Hexen erzeugen, mit zwei Merkmalen schon vier Hexen, mit drei bereits acht. Fünf Merkmale ergeben $2^5 = 32$ Kombinationen. Wenn man die alle finden will, braucht man schon ein System und eine übersichtliche Form der Darstellung, wie eine Matrix oder einen Entscheidungsbaum.

Eine weitere Fragestellung ergibt sich bei der Suche nach dem Zwilling: Wie geht man optimalerweise vor? Wenn man keine unnötige Arbeit haben will, braucht man auch hier ein System. Mit etwas Glück liefert bereits der erste Vergleich einen Treffer. Aber wie viele Vergleiche muss man im ungünstigsten Fall durchführen? Auch dies ist eine schöne Knobelaufgabe: Die erste Hexe vergleiche ich mit den übrigen 19 Hexen. Die zweite Hexe brauche ich nur noch mit den 18 nachfolgenden zu vergleichen, die dritte Hexe mit 17 usw. Der letzte Vergleich ist der zwischen den Hexen Nr. 19 und Nr. 20. Daraus ergibt sich die Addition der Folge 19 + 18 + 17 + 16 + … + 2 + 1. Die Summe errechnet man praktischerweise mit Hilfe einer Idee, mit der schon der kleine Karl Friedrich Gauß seine Lehrer verblüffte: Man bildet aus den Summanden Zahlenpärchen zu 20 (19 + 1, 18 + 2 usw.). Letztlich ergeben sich $9 \cdot 20 + 10 = 190$ Vergleiche. Kein Wunder, dass es bei dem ein oder anderen so lange dauert!

Lösung:

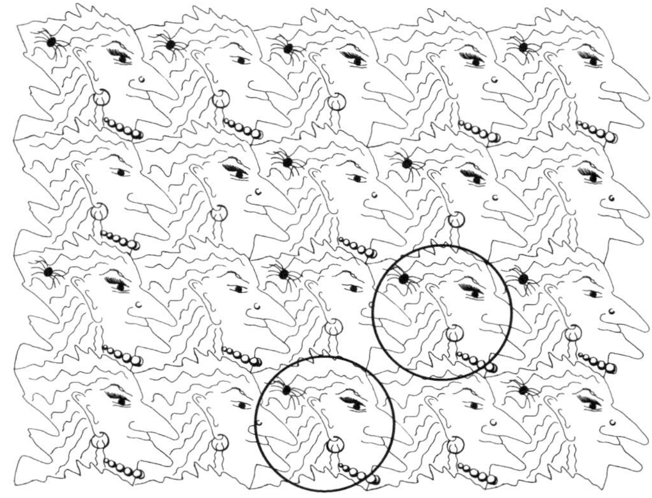

Rachepläne

Alles wahr?

Die kleine Hexe berichtet Abraxas von ihren Erlebnissen auf dem Blocksberg. Der Text ist im Präsens verfasst und soll ins Präteritum gesetzt werden. Obwohl bei mündlichen Berichten das Perfekt gebräuchlicher ist, gibt es beim Präteritum zweifellos größeren Übungsbedarf. Nur für Leseratten stellt diese Zeitform in der Regel kein Problem dar.

Sie können die Beschäftigung mit dem Arbeitsblatt intensivieren, wenn Sie die Wörterliste vor dem Kopieren abdecken und die Kinder auffordern, die Formen im Wörterbuch nachzuschlagen.

Die zwei Flunkerstellen sind: Die kleine Hexe hat nicht selbst verlangt, zur Oberhexe gebracht zu werden. Sie war dann auch nicht „die Ruhe selbst“ – im Gegenteil.

Mögliche Zusatzaufgabe: Bei einigen der Verben ist die Vergangenheitsform schwieriger zu bilden als bei anderen. Kreise diese Verben ein und schreibe sie in dein Heft.

Hokuspokus Reimwerkstatt

Kinder lassen sich gerne zum Reimen anregen. Wenn man dabei noch ein bisschen gemein zur Hexe Rumpumpel sein kann, macht es doppelt Spaß. Vor allem den weniger sprachbewussten Kindern ist dabei der Rhythmus zunächst ziemlich egal. Die Kopiervorlage macht deswegen auf unterschiedliche Möglichkeiten der sprechrhythmischen Gestaltung aufmerksam.

Zunächst geht es einfach darum, passende Reimwörter zu finden. Wer den Buchtext auf Seite 21 gut studiert, dürfte dabei keine Probleme haben. Wird zusätzlich auf den Rhythmus geachtet, kann die Lösung z. B. lauten:

Hokuspokus Blumenvase,
vom Schwein kriegst du die runde *Nase.*
Hokuspokus, Gruß aus Wesel,
und die Ohren von 'nem *Esel.*
Hokuspokus, meine Süße, *noch zwei schöne Kälberfüße.*
Hokuspokus, das wird hart, *unters Kinn 'nen Ziegenbart.*
Hokuspokus Hexentanz,
von der Kuh da kommt der Schwanz.

Bei der zweiten Aufgabe geht es nicht unbedingt darum, die richtige oder objektiv beste Fassung zu finden. Manches klingt vielleicht holprig, lässt sich dafür aber beispielsweise besonders gut rappen.

Der Rhythmus wird zum einen von der Anzahl der Silben beeinflusst. Haben beide Reimzeilen die gleiche Zahl, klingt es meist glatt. Zum anderen ist es wichtig, ob es sich um betonte oder unbetonte Silben handelt. Schließlich hat auch ein Sprecher die Möglichkeit, die Länge der Silben zu kürzen bzw. zu verlängern sowie Pausen einzubauen. Wer damit spielerisch experimentieren will, kann versuchen die Textzeilen auf verschiedene Melodien zu singen. Dabei wird man gezwungen den Rhythmus zu verändern.

Natürlich kann das Blatt auch eine Anregung für ganz eigene Hexenreime der Kinder sein, die auf Verwandlungen, Eigenschaften oder Fähigkeiten abzielen. Dies kann der Vorbereitung der Reimkarten für das Würfelspiel „Hexenrennen“ (siehe S. 80) dienen.

Ein strenger Freund

Diese Aufgabe eignet sich besonders für eine Partnerarbeit. Sie können die Aufgabe auch in zwei, drei oder sechs Gruppen arbeitsteilig lösen lassen. Wenn Ihnen die Textanalyse wichtiger ist als das Abschreiben, können Sie den Arbeitsgruppen den Text kopieren und auf der Kopie mit sechs Farben markieren lassen.

Interview mit der „Hexenwelt“

Eine schöne, produktive Schreibaufgabe ist das Interview mit einer handelnden Person. Der eher umgangssprachliche Ton und die Beschränkung auf den Dialog mit Frage und Antwort motivieren auch leistungsschwächere Kinder. Mit diesem Text soll dafür ein Beispiel gegeben werden.

Führen Sie Besen?

Kräuterhexerei

Zu Beginn des Kapitels bereitet sich die Hexe eine Kräutersalbe zu. Tatsächlich wurden in der Vergangenheit ja gerade diejenigen Frauen der Hexerei verdächtigt, die sich gut auf Heilkünste und Naturmedizin verstanden.

Für die Herstellung eigener Salben auf der Basis von Kräutern mit heilenden Wirkstoffen gibt es zahlreiche Rezepte. Die Trägersubstanz ist dabei entweder natürlich (z. B. Schweineschmalz, Olivenöl, Bienenwachs, Schafwollfett, Euterfett) oder synthetisch auf Erdölbasis (z. B. Vaseline). Bienenwachs ist sehr teuer, Olivenöl zieht schlecht ein, Schweineschmalz und Euterfett kommen bei muslimischen Kindern nicht infrage. Wollfett lässt sich ebenfalls synthetisch – also aus Erdöl – herstellen und wird von der Firma Beiersdorf unter dem Handelsnamen *Eucerinum Anhydricum* in Apotheken vertrieben. Auf Basis von Eucerin wird beispielsweise auch die Nivea-Creme hergestellt. Eucerin ist gut mit Wasser vermischbar, also auch mit ausgekochtem Blütenwasser. Diese Mischung ist allerdings wegen der Keime im Wasser nur sehr kurz haltbar, riecht schnell unangenehm und schimmelt schon nach etwa drei Wochen.

Will man auf Konservierungsstoffe verzichten, ist die vorgestellte Methode für den Einsatz in der Schule am besten geeignet. Jedes Kind braucht wirklich nur eine winzige Menge, da die fertige Salbe sehr ergiebig ist. Statt der nur zu einem Viertel gefüllten Filmdöschen können auch kleine Salbendosen (10 g) mit Schraubdeckel aus der Apotheke für ca. 30 Cent das Stück eingesetzt werden (Literaturhinweis: Maria Treben, Gesundheit aus der Apotheke Gottes, Ennsthaler 2018, broschiert).

Vorschläge zur Weiterarbeit:

- Statt Ringelblumen kann man auch Kamille verwenden, die allerdings etwas strenger riecht.
- Weitere interessante Heilpflanzen: Bärlauch, Brennnessel, Huflattich, Johanniskraut, Löwenzahn, Salbei, Schafgarbe und Spitzwegerich. Vielleicht machen Sie mit Ihrer Klasse eine kleine Ausstellung zum Thema Naturmedizin (Bonbons, Säfte, Salben, Duftöle, Tees).
- Die Kinder können eine Werbekampagne zu der Salbe der kleinen Hexe entwerfen.

Krämer-Rap von Balduin Pfefferkorn

Lassen Sie sich nicht von der Länge des Textes abschrecken. Raps sind eben etwas länger. Um ein Gefühl für die rhythmische Gestaltung zu bekommen, können Sie sich mit der Klasse z. B. ein Rap-Stück der Gruppe „Die Fantastischen Vier" anhören. Ein weiterer, noch kindgerechterer Hörtipp: Der Räuber-Rap aus dem hörenswerten Kinder-Musical „Ritter Rost und die Hexe Verstexe" des Autorenduos Jörg Hilbert/Felix Janosa, erschienen bei Terzio. Die CD mit Bilderbuch ist im Buchhandel erhältlich.

Gute Vorsätze

Gute Vorsätze – Gute Antwortsätze

Das Kapitel ist kurz und im Grunde wenig ereignisreich. Es enthält für den Fortgang der Handlung aber eine entscheidende Stelle: Dem Raben Abraxas gelingt es, die kleine Hexe von der Notwendigkeit guter Vorsätze zu überzeugen.

Sie können die Arbeit mit diesem Blatt durch eine „Fragezeit" vorbereiten: In Partner- oder Kleingruppenarbeit stellen sich die Kinder reihum Fragen zum Text und beantworten sie mündlich. Dabei zeigen sie sich Textstellen und kommen über den Inhalt ins Gespräch. Je ungeübter sie dabei sind, desto eher werden sie lediglich nach konkreten Details fragen („Welches Kleidungsstück zerriss der kleinen Hexe?"). Für das Erlernen der Methode ist das aber nicht von Nachteil.

Die Kopiervorlage mit Fragen zum Text ist die einzige ihrer Art im Material. Wenn Sie mehr davon einsetzen möchten, vergeben Sie an leistungsstärkere Kinder den Auftrag, für einzelne Kapitel Fragensammlungen zu erstellen. Dies kann auch der Vorbereitung für das Würfelspiel „Hexenrennen" (Seite 76–80) dienen.

Wirbelwind

Familienkatastrophe

Die Arbeit mit Wortfamilien ist nicht nur für die Entwicklung eines orthografischen Bewusstseins wichtig (Ableitungen bilden, Bausteine für die Wortbildung kennen), sondern kann auch spannend sein, wenn man dem Entstehen von Wortbedeutungen auf den Grund geht. Im Beispiel von „Fall" sind im Laufe der Geschichte bereits verschiedene Bedeutungen vorgekommen (gefallen, der Fall, einfallen, in die Falle gehen). Auch wenn man kein Herkunftswörterbuch (z. B. Duden, Bd. 7) zur Hand hat, kann das Spekulieren darüber, wie die Wortbedeutungen zusammenhängen, interessant sein.

Vorwärts, mein Söhnchen!

Das Wort im Munde rumdrehen I/II

Dieses Kapitel ist sprachlich besonders ergiebig. Jemanden so zu verhexen, dass er genau das Gegenteil von dem sagt und tut, was er eigentlich will – eine sehr anregende Vorstellung. Das unfreiwillige Verhalten ist aber nicht nur als Sprech- und Schreibanlass interessant, sondern auch als szenisches Spiel. Das Sich-verstellen-Müssen ist ja Bestandteil vieler Komödien. Gestik und Mimik oder eine Stimme aus dem Off drücken dabei zwischendurch die Verwunderung bzw. das Missfallen über das eigene Verhalten aus. (Nachzulesen z. B. auch im Kinderbuch „Eine Woche voller Samstage" von Paul Maar, in dem die unfreundliche Vermieterin von Herrn Taschenbier, Frau Rotkohl, das „Opfer" ist.)

Lied des Revierförsters (Text und Noten)

KV Seite 39

Beim Lesen des Textes bzw. Singen des Liedes kommt es darauf an, den Kontrast und den Widerstreit zwischen den verschiedenen Gefühlen des Oberförsters deutlich zu machen: eitler Stolz, schlechte Laune, erzwungene Höflichkeit, Verzweiflung, Ärger über sich selbst. Dabei kann der stimmliche Ausdruck gut von Mimik und Gestik unterstützt werden.

Papierblumen

Welch eine Blume …

Die Origami-Arbeit gelingt auch weniger geschickten Kindern. Natürlich macht es am meisten Spaß, die Drehblüten durch das Treppenhaus oder aus dem Fenster fallen zu lassen. Die acht Einschnitte gelingen dann gleichmäßig, wenn sie wie das Zifferblatt einer Uhr eingeschnitten werden: 12 Uhr, 6 Uhr, 3 Uhr, 9 Uhr, dann Halbierung der Zwischenräume.

Als zusätzliche sprachliche Übung für das Formulieren einer Vorgangsbeschreibung bietet es sich an, die Stichworte der Handlungsanweisung von den Kindern in einen Fließtext mit ganzen Sätzen verwandeln zu lassen.

Die wundersame Papierblumenvermehrung

Perspektivwechsel in nacherzählender Form sind eine gute Möglichkeit, das Textverständnis zu vertiefen. Hier wird mit einer sprachlichen Übung (Austausch von Pronomen) ein Beispiel für einen Perspektivwechsel gegeben. Der Text beschränkt sich weitgehend auf das, was sich unmittelbar aus der Lektüre ableiten lässt. Sollte der Platz nicht ausreichen, schreiben die Kinder im Heft weiter.

Möchten Sie sich mit Ihrer Klasse auf diese produktive Textform weiter einlassen, dann werden die Grenzen zu einer sehr persönlichen Lesersicht auf die Charaktere, ihre Handlungsmotive, Sichtweisen und Lebensumstände fließend. Gerade dieses Spekulieren ist ein sehr fruchtbarer Rezeptionsprozess und wird wie selbstverständlich auch immer dann vorgenommen, wenn Literatur szenisch oder filmisch umgesetzt wird. Konkrete Impulse finden Sie in der Schreibwerkstatt (Seite 18).

KV Seite 42

Redewendungen

Redewendungen oder Redensarten sind weitgehend feststehende Formulierungen in häufig bildhafter Sprache, deren Sinn auf die jeweilige Situation übertragen werden muss.

Bei dieser Übung sind die Redewendungen zum Teil komisch verfremdet. Dies ist zum einen ein nettes Sprachspiel, vermag aber gleichzeitig zu einer vertieften Einsicht in die jeweilige Bedeutung zu verhelfen. Mit dem Heraussuchen der Textstellen können die Kinder ihre Textkenntnis unter Beweis stellen.

Zu einigen Redewendungen finden sich im Duden, Bd. 11, interessante Hinweise:

- *große Stücke auf jemanden halten:* Die Wendung geht wahrscheinlich auf das Wetten zurück, bei dem man auf seinen Favoriten, dem man viel zutraut, einen großen Einsatz (z. B. große Geldstücke) hält.
- *kein Blatt vor den Schnabel/Mund nehmen:* Mit Blatt ist hier ein Papier gemeint, hinter dem man tuscheln kann, sodass die anderen es nicht bemerken. Wer hingegen offen seine Meinung sagt, nimmt kein Blatt vor den Mund.
- *jemanden für voll nehmen:* Der Ausdruck geht möglicherweise auf das Münzwesen zurück. Münzen, die nicht das richtige Metall oder das richtige Gewicht hatten, wurden nicht für voll genommen.
- *Denkzettel:* Im 16. Jahrhundert bekamen die Schüler sogenannte Schandzettel umgehängt, auf denen ihre Vergehen und Regelverletzungen standen.
- *jemandem geht ein Licht auf:* Jemand gewinnt eine plötzliche Einsicht. Schon in der Bibel wird Licht häufig im Sinne von Erleuchtung/Erkenntnis verwendet (z. B. Matthäus 4,16).

Eine saftige Lehre

Eine saftige Lehre

Eine Zusammenfassung wird vergleichsweise nüchtern und im Präsens formuliert. Sie verzichtet in der Regel auf wörtliche Rede und gibt nur den Kern der Handlung wieder. Die Kinder kennen sie von Buchumschlägen, Buchrezensionen oder auch aus dem Fernsehen, wenn bei einer Serie die vorangegangenen Folgen kurz zusammengefasst werden.

Die Ordnungsaufgabe kann mit zerschnittenen Textstreifen gut als Partner- oder Kleingruppenarbeit gelöst werden. So kommen die Kinder miteinander ins Gespräch. Bei richtiger Lösung ergibt sich links ein Bild der kleinen Hexe von hinten.

Als Zusatzauftrag kann die Zusammenfassung ins Präteritum gesetzt werden.

Hexperiment: Hexenblut – grün vor Wut

Je nach Jahreszeit kommt man nicht an frischen Rotkohl heran. Zur Not geht es auch mit Rotkohlwasser aus dem Glas. Da ist allerdings immer schon ein wenig Säure drin, damit er auch schön rot aussieht.

Essigessenz ist viermal so sauer wie Salatessig und darf nicht in die Augen oder auf die Schleimhäute gelangen. Bei der Geruchsprobe sollen die Kinder lernen, den Duft aus der offenen Flasche vorsichtig mit der Hand herbeizuwedeln. Unbedingt auch Natronlauge zum Spülen bereithalten.

Weiterführend können Sie sich mit den folgenden Fragen auseinandersetzen: Wie verfärbt sich der Rotkohlsaft in Spülmittel, Zitronensaftwasser oder Sodawasser? Warum werden häufig Äpfel im Rotkohl mitgekocht?

Freitagsgäste

KV Seite 45

Das Mokkabohnenproblem

Lösung Aufgaben 1 und 2:

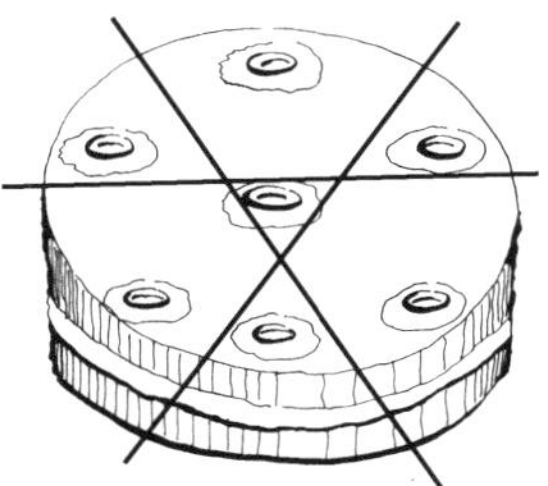

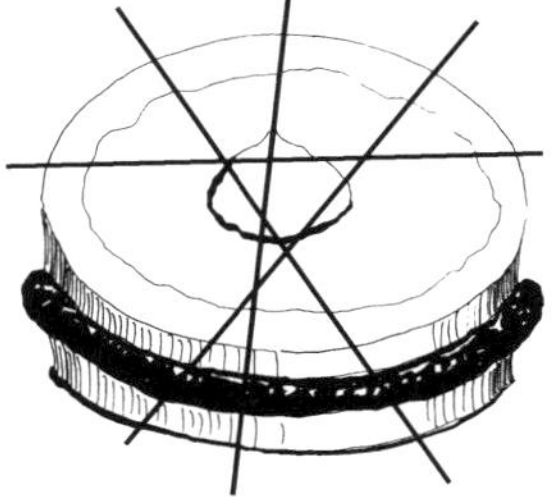

Uhrenproblem: Die Summe der Ziffern ist $1 + 2 + 3 + \ldots + 11 + 12 = 6 \cdot 13 = 78$. Die beiden Hälften des Zifferblatts müssen also jeweils die Summe 39 haben (die Drittel jeweils 26). Für beide Probleme gibt es nur eine Lösung.

Lösung Aufgaben 3 und 4:

KV Seite 46

Rumpumpel spioniert

Rumpumpel, die Gegenspielerin der kleinen Hexe, und die Motive für ihre Boshaftigkeit werden von Preußler nicht oder nur wenig beschrieben. Sie ist Wetterhexe, kann sich offenbar in eine Wolke verwandeln oder in einer Wolke verstecken. Außerdem wird sie als „Muhme" Rumpumpel vorgestellt, was bedeutet, dass sie mit der kleinen Hexe verwandt ist. Jedenfalls hat sie es auf ihre jüngere Verwandte abgesehen und überwacht deren Bemühungen, eine „gute Hexe" zu werden.

Unabhängig davon, dass die kleine Hexe im guten Glauben genau das Falsche tut, übertritt sie an diesem Freitag ein Hexengebot. Die Kinder sind hier aufgefordert, die Gedankenrede Rumpumpels angesichts dieser Tatsache zu formulieren.

Das leicht verhexte Schützenfest

KV Seite 47/48

Das leicht verhexte Schützenfest

Soße Grensation auf dem Fützenschest!

Sprachspiele machen den meisten Kindern nicht nur Spaß, sondern schaffen auch Einsichten in den Aufbau von Wörtern. Das hier angewendete Muster vertauscht die Anfangskonsonanten bzw. Konsonantenhäufungen benachbarter Wörter oder der Silben innerhalb eines Wortes (Schüttelreim).

Es tut der Freude keinen Abbruch, das Prinzip mit einer Tafelanschrift zu reflektieren. Auch wenn Ihre Kinder nicht selbst schöpferisch tätig werden, hat das lustvolle Vorlesen seinen Wert.

Der Maronimann

Auf Fehlersuche

Solche Fehlertexte für die Klasse zu erstellen ist eine schöne Aufgabe für sprachlich begabte Kinder. Teilen Sie dazu eine vergrößerte Kopie eines Textausschnitts aus und lassen Sie die Verwandlungen auf dem Blatt markieren. Ziel soll es sein, möglichst unauffällige oder witzige Textveränderungen vorzunehmen. Kinder, die mit der Computertastatur vertraut sind, können den veränderten Text auch selbst eingeben und ausdrucken. Dann sind die Mitschüler dran.

Andere Zeiten

Weiterführend können Sie noch andere geeignete Textabschnitte aus der Lektüre auswählen und aus einer Zeitform in eine andere setzen lassen. Zum Beispiel den folgenden Abschnitt aus dem Kapitel, der ins Präsens gesetzt wurde:

Auf dem Marktplatz steht eine schmale, grün gestrichene Holzbude. Davor steht ein eisernes Öfchen; und hinter dem Öfchen steht, mit dem Rücken zur Bude, ein kleines, verhutzeltes Männlein. Das trägt einen weiten Kutschermantel und Filzschuhe. Den Kragen hat es hochgeklappt und die Mütze hat es tief ins Gesicht gezogen. Von Zeit zu Zeit niest das Männlein. Die Tropfen fallen dann stets auf die glühende Ofenplatte und zischen.

Besser als sieben Röcke

KV Seite 51

Besser als sieben Röcke

Lösung Aufgabe 1:
die Fäustlinge, die Ofenbank, die Schuhe, die Filzpantoffeln, die Strümpfe, die Geschichte, die Hundekälte, das Kopftuch, der Kräutertee, das Mittel, die Winterstiefel

Lösung Aufgabe 2:
senkrecht: nickte, fragte, warf, verstand, kochte; waagerecht: wollte, rief, krächzte, bat, tat, unterbrach, süßte, hörte, begann

r	a	u	t	e	r	z	u	s	t	a
e	e	n	t	w	o	l	l	t	e	l
t	r	i	e	f	o	r	g	e	s	ä
g	u	c	k	r	ä	c	h	z	t	e
e	r	k	b	a	t	e	r	s	a	l
r	u	t	a	g	w	l	v	e	k	e
m	i	e	u	t	a	t	e	g	o	t
u	u	n	t	e	r	b	r	a	c	h
s	e	n	z	u	f	i	s	c	h	o
i	z	e	r	s	ü	ß	t	e	t	s
a	p	h	ö	r	t	e	a	n	e	t
e	r	z	b	e	g	a	n	n	u	e
m	a	m	o	d	e	u	d	e	l	n

KV ohne Titel

Die Vorlage am besten auf DIN A3 vergrößern. Die sieben Röcke der Hexe können vielfältig gefüllt werden: mit verschiedenen Tönen einer Farbe, mit farbigen Papierschnipseln aus Illustrierten oder mit Schraffuren/Texturen, die mit schwarzem Filzstift gemalt werden.

Schneemann, Schneemann, braver Mann!

Knobelei mit Satzgliedern

Hier wird eng am Text gearbeitet.

Lösung Aufgabe 1:
In der rechten Hand hielt er stolz einen Reisigbesen (S. 92).
Den Suppentopf traten sie mit den Füßen (S. 94).
Sie zeigte den Kindern den Besen (S. 95).
Verzweifelt zappelten sie mit Armen und Beinen (S. 96).

KV Seite 54

Der schwerhörige Zuhörer

Die Übung kann man unabhängig davon durchführen, ob die Fälle, das Subjekt und die Satzergänzungen schon behandelt wurden. Hier geht es vor allem um das spielerische Einüben der Fragen: Wer? Wem? Wen oder was?

Wollen wir wetten?

Ab nach Hause!

Hierbei handelt es sich um ein Denkproblem aus der Topologie. Die entscheidende Lösungsidee besteht darin, dass man die Karnevalskinder zum Teil Umwege – auch ganz außen herum – laufen lässt. Reizvoll kann es sein, die Kinder nach verschiedenen Lösungsmöglichkeiten suchen zu lassen.

Fastnacht im Walde

KV Seite 56

Strickohr und Hasenstrumpf

Lösung:
Bratäpfel, Strickstrumpf, Hexenhaus, Waldmäuse, Hirschgeweihe, Hasenohren, Rabenflügel, Eichhörnchenschwanz, Eulenaugen, Pferdezähne, Backofen, Entenschnabel, Haselnüsse, Haferkörner, Kohlkopf, Knackwürste

Der Kegelbruder

Der Schindelmacher erzählt

Zur Differenzierung können die einzusetzenden Nomen in veränderter Reihenfolge an der Tafel oder auf Wortkarten vorgegeben werden: Regelmäßigkeit, Ärgernis, Gewohnheit, Überraschung, Bemerkungen, Heiterkeit, Verärgerung, Steigerung, Ereignis, Bestürzung, Achtung, Begegnung, Wahrheit, Geheimnis, Gesundheit.

Lassen Sie die Kinder im Anschluss weitere Verben und Adjektive suchen, aus denen man ein oder mehrere Nomen ableiten kann (siehe KV „Suchflüge", S. 17).

Hexen-Solitaire

Der Aufbau des Spielfelds und das Prinzip ist sicher schnell erlesen. Dann kann es losgehen: Das Spielfeld wird auf ein Blatt oder mit Kreide auf den Schulhof gemalt und mit neun Steinchen (Münzen, Plättchen) gefüllt. Kleine Solitaire-Probleme haben den Vorteil, dass günstige Strategien von den Kindern gespeichert werden können. Sie gelangen also weniger zufällig ans Ziel als bei Problemen mit mehr Steinen. Wer eine Lösung gefunden hat, muss sie natürlich vor Augenzeugen unter Beweis stellen. Ob es direkt noch einmal klappt?

Auch die Umkehrung ist interessant: Wer schafft es, möglichst viele Steine übrig zu lassen?

Für alle Ungeduldigen hier die „meisterliche" Lösungsvariante (nach: Tom Werneck u. a., Das große Buch vom Spielen, Knobeln und Raten, Falken-Verlag 2000).

1. bis 4. Sprung:

5. Sprung:

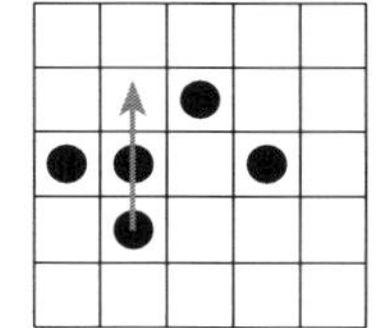

6. und 7. Sprung:

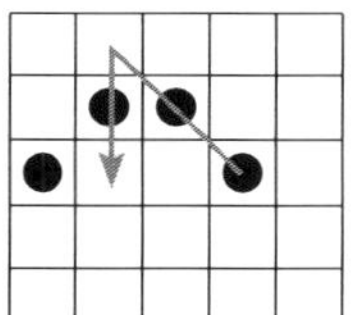

8. Sprung:

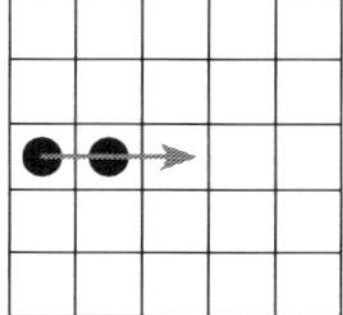

Festgehext!

Aus zwei mach einen

Bei der Verbindung mit „weil" hat sich im Deutschen ein Anglizismus eingeschlichen. Viele Sprecher – aber auch Schreiber – stellen danach den Satz nicht mehr um. (Beispiel: *Our father didn't wake up, because he was not able to do so.* Unser Vater wachte nicht auf, weil er war nicht in der Lage dazu.) Als falsch gilt diese Satzstellung nicht mehr, als elegant aber auch nicht. Die Entwicklung wird sich, wie bei vielen Anglizismen, wohl nicht aufhalten lassen.

Falls Sie mit Ihrer Klasse auf diese Problematik stoßen, wäre dies eine gute Gelegenheit, über die Veränderlichkeit sprachlicher Normen zu reflektieren.

KV Seite 60

Abraxas-Puzzle

Die Idee zu diesem Eier-Tangram stammt aus dem Buch: Karl-Heinz Koch, … lege Spiele!, DuMont Buchverlag, Köln 1987. Ist den Kindern das Prinzip vertraut, macht ihnen das Legen und Tüfteln viel Spaß.

Vor dem Hexenrat

Vor dem Hexenrat

Bei einer Textüberarbeitung durch den Einsatz von Personalpronomen gilt es zu prüfen, ob der Text verständlich bleibt – man also noch weiß, wer jeweils gemeint ist (vgl. zum Thema Pronomen auch die KV „Die wundersame Papierblumenvermehrung", S. 41).

Grünes Gruseln

Im Internet finden sich noch viele weitere Tipps, z. B. unter *www.hexenrezepte.de.*

Wer zuletzt lacht …

Ein Erzähltrick vom Profi

Im Schlusskapitel bleibt zunächst nicht nur der Leser im Ungewissen über den Plan der kleinen Hexe, sondern auch der Rabe. Abraxas darf stellvertretend für uns nervös werden und sich über das Ende wundern. Das spannungssteigernde Mittel, die Lösung eines Problems bis kurz vor dem Finale zu verheimlichen, kennen die Kinder aus Büchern und Filmen. Bei ihren eigenen Geschichten wenden sie es meistens nicht an, weil es dazu einer größeren Vorausplanung bedarf.

Die Formulierung des Schreibtipps könnte beispielsweise so lauten: *Ich verrate meinen Lesern nicht zu früh, wie eine kritische Situation überstanden wird.*

Den Text von der KV nun wie im Buch fortzusetzen wäre langweilig. Außerdem wird den Kindern auffallen, dass die ängstlichen Fragen des Raben jetzt fehl am Platze sind. Stattdessen lässt sich mit etwas Fantasie ein Widerstand finden, der noch einmal Spannung aufkommen lässt. Vielleicht möchte das ein oder andere Kind den Schluss unter etwas anderen Voraussetzungen neu erfinden:

- Die kleine Hexe vergisst einen Zauberspruch oder spricht einen falschen.
- Es gibt unerwartete Gegenwehr, z. B. könnte Rumpumpel den Plan misstrauisch belauscht haben.
- Die kleine Hexe hat übersehen, dass auch ihre Fähigkeit zu hexen bedroht ist, und muss kurzfristig reagieren.

Zu allen Kapiteln

KV Seite 64

Hexperiment: Gruselige Erbsen

Dieses „Hexperiment" regt die Fantasie der Kinder an. Es macht ihnen Spaß, einen Versuchsaufbau mit einer komplexen Kettenreaktion zu erfinden, aufzuzeichnen und nachzubauen. Die quellenden Erbsen wirken dabei wie eine Zeitschaltuhr, die einen Mechanismus auslöst.

Hexperiment: Schwebender Schrott / Kleine Hexe, flieg!

Hier noch ein paar zusätzliche Tipps: Türmagnete sind gut geeignet für dieses „Hexperiment". Neue Türmagnete sind aber relativ teuer. Wer sich kurzfristig welche besorgen muss, weil er beim Sperrmüll nicht aufgepasst hat, sollte lieber im Internet suchen. Dort kann man vergleichsweise günstig sehr kleine und sehr starke Knopfmagnete aus einer Speziallegierung beziehen. Geeignet sind Knöpfe mit einer Stärke von 5 mm und einem Durchmesser von 12 mm.

Eine besondere Geburtstagskarte

Magische Quadrate faszinierten die Menschen schon in alten Kulturen. Man begriff sie als Sinnbild kosmischer Kräfte. Besonders berühmt ist das magische Quadrat vierter Ordnung (also ein 4-mal-4-Quadrat) aus dem Kupferstich „Melencolia" von Albrecht Dürer aus dem Jahre 1514.

Die Besonderheit magischer Quadrate besteht darin, dass alle Reihen, Spalten und Diagonalen die gleiche Summe ergeben. Didaktisch sind sie besonders ergiebig, weil sie auch den geübten Kopfrechner über längere Zeit faszinieren und motivieren können. Immer neue spannende Entdeckungen lassen sich an ihnen machen.

Die beiden Quadrate dritter bzw. vierter Ordnung, die Abraxas der kleinen Hexe geschenkt hat, sind aus den beiden Grundtypen entwickelt.

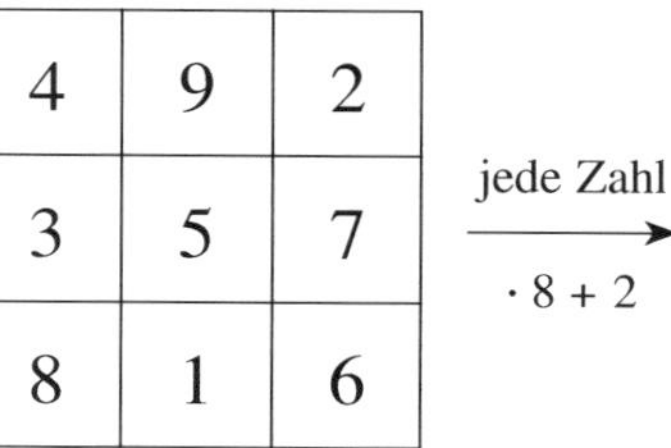

magische Summe 15:

4	9	2
3	5	7
8	1	6

jede Zahl → · 8 + 2

magische Summe 126:

34	74	18
26	42	58
66	10	50

magische Summe 34:

16	3	2	13
9	10	11	8
5	6	7	12
4	15	14	1

jede Zahl → · 3 + 6

magische Summe 126:

54	15	12	45
33	36	39	30
21	24	27	42
18	51	48	9

Impulse für eine Vertiefung des Themas (Literatur: Erich Ch. Wittmann / Gerhard N. Müller, Handbuch produktiver Rechenübungen, Band I, Klett-Verlag 2017):

- Bleibt es ein magisches Quadrat, wenn man alle Zahlen in den Feldern auf die gleiche Weise verändert: eine Zahl addiert oder subtrahiert, sie verdoppelt oder mit einem anderen Faktor multipliziert? (Ja.)
- Kann man die Positionen von Zahlen verändern (z. B. drehen oder spiegeln), ohne dass die magischen Eigenschaften des Quadrats verloren gehen? (Ja.)
- Kann man auch für den 127. Geburtstag ein magisches Quadrat erstellen? (Nein.) Warum nicht?
- Goethes „Hexen-Einmaleins" aus dem „Faust":
  Du musst verstehn! Aus Eins mach Zehn,
  Und Zwei lass gehn, Und drei mach gleich,
  So bist du reich. Verlier die Vier!
  Aus Fünf und Sechs, So sagt die Hex,
  Mach Sieben und Acht, So ist's vollbracht:
  Und Neun ist Eins, Und Zehn ist keins.
  Das ist das Hexen-Einmaleins.

Wörter verhexen

Die klanglichen Eigenschaften von zweisilbigen Wörtern mit Doppelkonsonanten lassen sich gut über Reimwortbildung bzw. Minimalpaarvergleich erfassen. Alternativ zu Aufgabe 2 oder weiterführend können die Kinder mit eigenen Startwörtern beginnen und eine möglichst lange Kette bilden.

Lösung Aufgabe 1:
Tonne, Tanne, Tasse, Kasse, Kanne, Wanne, Watte, Wette, Kette, Kelle, Zelle, Welle, Wolle, Rolle, Rille, Rippe, Lippe

Nichts für Anfänger

Die Kinder müssen sich über die möglichen Handlungsverläufe zunächst einen Überblick verschaffen. Also erst lesen, mit dünnem Bleistift eine Auswahl treffen, noch einmal überprüfen, ob alles zusammenpasst, und erst dann endgültig markieren bzw. aufschreiben lassen.

Vielleicht können die Kinder eine Fortsetzung schreiben zu echten Zeitungsfotos bzw. echten Überschriften oder Artikeln? Zumindest kann der Blick in eine Zeitung Anregungen liefern. Für kleine Hexen gibt es ja wirklich genug zu tun …

Hexenbuch und rote Rüben (Liedtext)

Die Strophen sind rhythmisch so gestaltet, dass man sie auf die Melodie des bekannten Liedes „Stups, der kleine Osterhase“ singen kann. Aber schon als Gedicht wird der Text den Kindern Freude – und wohl auch Schadenfreude – bereiten. In der Fantasie ist ja vieles erlaubt; natürlich können die Kinder zusätzlich eigene Strophen erfinden. Angeregt durch die erste Strophe und den Beginn des vierten Kapitels entstehen dabei erfahrungsgemäß Hexenrezepte mit besonders ausgefallenen Zutaten und unschicklichen Wirkungen …

Die kleine Hexe: Ein „Kind“ der 50er-Jahre

Hier sollen die Kinder motiviert werden, das Buch auch als Dokument von Literaturgeschichte, Sprachgeschichte und Zeitgeschichte zu begreifen und als Ausgangspunkt für Fragen und Nachforschungen zu nehmen.

Lockere Zusammenstellungen von erläuterten Bilddokumenten befinden sich in: Susanne Seidenfaden, Wochenend und Sonnenschein … Unsere Freizeit in den 50er Jahren, sowie Jochen Müller, Ranzen, Rodeln, Rasselbande – Unsere Kindheit in den 50er Jahren, beide erschienen im Wartberg Verlag.

Otfried Preußler

Auf den Websites findet sich u. a. zahlreiches Fotomaterial mit Buchcovern und Bildern aus Preußlers Leben. Stellen Sie die folgenden Fragen, wenn Sie die Textkenntnis prüfen möchten: Wer und was hat Otfried Preußler alles geholfen, ein guter Schriftsteller zu werden? Welchen Beruf übte er ursprünglich aus? Ab wann lebte er nur noch vom Schreiben?

Seltsame Sätze

Obwohl für die Schulausgabe einige heute missverständliche Textstellen der Originalausgabe behutsam überarbeitet worden sind, wurde darauf geachtet, den spezifischen „Preußler-Stil“ – in den auch veraltete und regional gebräuchliche Ausdrücke einfließen – beizubehalten. Welche der Formulierungen für den einzelnen Leser ungewöhnlich klingen, hängt stark vom Leseverhalten und vom eigenen Sprachraum ab. Kinder aus dem süddeutschen Raum werden über weniger Textstellen „stolpern“ als norddeutsche Schüler. In jedem Fall lässt sich gut reflektieren, dass Sprache sich verändert.

Alphabetische Auflistung alter Ausdrücke

Das Glossar kann auf DIN A3 kopiert im Klassenraum aufgehängt werden. Es können auch noch andere Ausdrücke hinzukommen, die den Kindern nicht geläufig sind oder ihnen bemerkenswert erscheinen.

Hexenrennen (Würfelspiel)

Die „Reimkarten“ (mit der Oberhexe) und die „Prüfungskarten“ (mit Abraxas) werden am besten von den Kindern selbst hergestellt. Als Impuls können die vorgegebenen Karten dienen.

Wenn ein Kind eine Reimkarte erfindet, sollte es auch einen Lösungsvorschlag für den Abschluss des Hexenreims notieren. Das gewährleistet, dass die Aufgabe wirklich zu lösen ist. Die Fragen können sich auf alles beziehen, was im Rahmen der Unterrichtsreihe gelernt wurde. Im Spiel kann bei Bedarf eine Zeit vereinbart werden, in der eine Aufgabe gelöst werden soll.

Der Spielplan kann auf DIN A3 vergrößert und anschließend bemalt werden. Die sechs Besenfelder am besten in den Farben der Spielsteine anmalen.

Die Spielzeit beträgt etwa 30 Minuten. Beschleunigen lässt sich der Spielverlauf, wenn alle Würfelaugen verdoppelt werden. Die Regeln lassen sich bei Bedarf vereinfachen, indem Aktionsfelder ausgelassen werden. Die Kinder können vor Spielbeginn auch Regeln abändern oder neue erfinden.

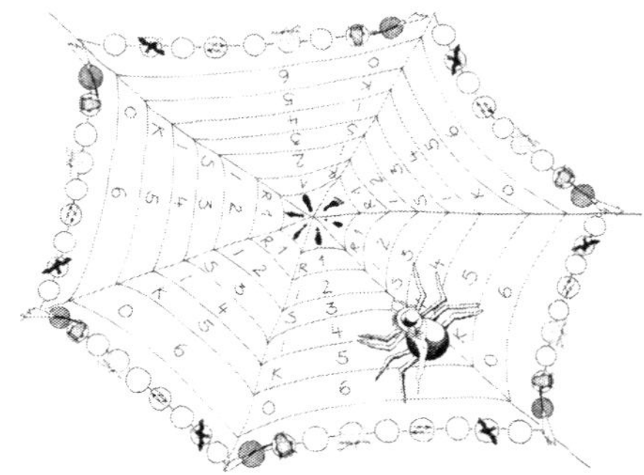

Name:

Suchflüge

SUCHGEBIET

SUCHAUFTRAG:

Schreibwerkstatt

Erzähle, wie die kleine Hexe dir einmal hätte helfen können.

- Du kannst ein wahres Erlebnis verwenden oder ein erfundenes.
- Du kannst aus der gleichen Erzählperspektive berichten wie Otfried Preußler, der ja vorwiegend aus der Sicht der kleinen Hexe berichtet. Du kannst aber auch aus deiner Sicht erzählen und dabei die Ich-Form benutzen.

Erfinde ein weiteres Kapitel für das Buch „Die kleine Hexe“.

- Der Diebstahl
- Der Umweltverschmutzer
- Der strenge Lehrer
- Der Betrüger
- Der vergessliche Krämer

Finde zu einem Kapitel eine Fortsetzung.

- Wie könnte es dem Blumenmädchen weiter ergangen sein? Wie entwickeln sich seine Geschäfte? Wie verändert sich sein Leben?
- Wie könnte es mit Thomas, Vroni und dem Ochsen Korbinian weitergehen? Behalten die Kinder ihr Geheimnis für sich? Soll der Ochse möglicherweise doch geschlachtet werden? Wie verhalten sich die blamierten Schützenbrüder?
- Wie könnte es mit Rumpumpel weitergehen?

Schreibe eine Parallelgeschichte zu dem Kapitel „Vorwärts, mein Söhnchen!“.

- Die nörgelnde Nachbarsfrau
- Die strenge Lehrerin
- Der unfreundliche Kaufhausbesitzer
- Der gemeine Schläger

Erzähle eine Episode aus der Sicht einer anderen Person.

- Balduin Pfefferkorn
- Bierkutscher
- Vroni oder Thomas
- Kind aus dem Schneemannkapitel
- Rumpumpel (Wie erlebt sie ihre letzte Walpurgisnacht?)

Schreibe ein Interview. Überlege dir, an welcher Stelle der Handlung es geführt wird.

- mit der kleinen Hexe
- mit Abraxas
- mit Rumpumpel

Schreiben und beschreiben

In der Beschreibung des Raben ist ein Fehler.
Kreise den Satz ein.

Beschreibung von Abraxas

Abraxas ist ein Rabe. Er lebt mit der kleinen Hexe zusammen und kann sprechen. Seine Stimme krächzt ein wenig. Wegen seiner Klugheit und Besonnenheit ist er für die kleine Hexe ein wichtiger Berater. Von ihm lernt die kleine Hexe auch die Hexenkunststücke. Abraxas ist streng mit ihr und sagt ihr immer, was er denkt. Vor allem ermahnt er sie, wenn sie unvernünftig ist.

Im ersten Kapitel erfährt man schon viel über die kleine Hexe.
Fertige auch für sie eine Beschreibung an.

So kannst du vorgehen:

1. Lies das Kapitel noch einmal. Schreibe dabei die wichtigsten Informationen über mich auf Zettel. Notiere nur Stichwörter – das spart Zeit.
2. Sortiere dann die Zettel und bringe die Informationen dadurch in eine sinnvolle Reihenfolge.
3. Formuliere den Beschreibungstext.

127 Jahre (noch jung)

lebt im Wald

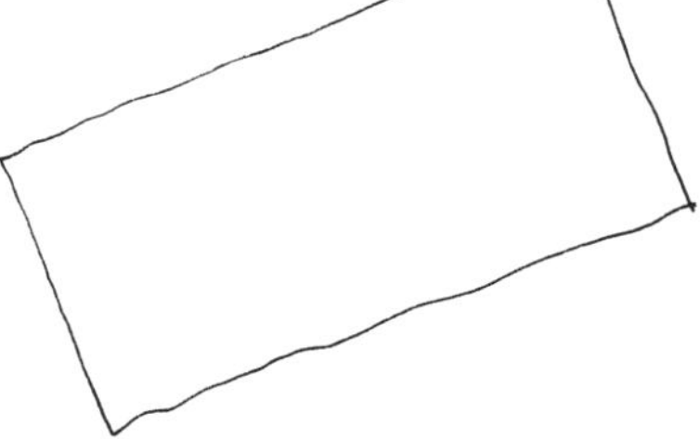

Name:

Ein Steckbrief von der kleinen Hexe

Alter: __________

Dort lebt sie: __________

Aussehen: __________

Kleidung: __________

Fähigkeiten: __________

Eigenschaften: __________

Wünsche: __________

Freund: __________

Ein treffender Spruch: __________

Name:

Eine ~~Be~~Verschreibung

Hier wurde mächtig geschwindelt.
Kannst du die Beschreibung so überarbeiten, dass sie stimmt?

Die kleine Hexe ist ~~27~~ 127 Jahre alt, ~~ein~~ das ist für Hexen ~~beachtliches~~ noch kein Alter. Trotzdem sieht sie aus wie ein junges Mädchen. Sie wohnt in einer modernen, großzügigen Villa mit angebautem Kühlhaus an einer belebten Straße. Sie trägt am liebsten eng sitzende Hosen. Ihr hinterhältiger Gesichtsausdruck verrät schon, dass sie äußerst gemein ist. Leider gelingen ihr schon alle Hexentricks, die man können muss, weil sie ihr Hexenbuch schon ganz durchgearbeitet hat. Deswegen muss sie auch nicht mehr üben. Ihr schlimmster Feind, der Rabe Abraxas, versucht ständig, sie zu Dummheiten zu verleiten. So ermahnt er sie eindringlich, sie solle auf jeden Fall noch zum Hexenball auf den Blocksberg gehen. Dafür hat sie nämlich genau das richtige Alter. Die kleine Hexe stimmt dem Raben zu, weil sie vernünftig und geduldig ist. Ihr Motto lautet: Erlaubt ist es nur dann, wenn man sich erwischen lässt!

Name:

Lernen vom Profi: Der Begleitsatz

Im zweiten Kapitel benutzt Otfried Preußler in den Begleitsätzen viele verschiedene Verben aus dem Wortfeld „sagen". Dadurch macht er deutlich, auf welche Art etwas ausgesprochen wird. Manchmal hat das Verb zwei Teile (... *donnerte* sie die kleine Hexe *an* ...) oder es ist mit einer zusätzlichen Beschreibung versehen (... sang sie *aus voller Kehle*). Beim Lesevortrag kannst du die wörtliche Rede so betonen, wie der Autor sich das vorgestellt hat.

Schreibe die Verben der Begleitsätze aus dem zweiten Kapitel heraus.

Schreibe so: sangen, sang (aus voller Kehle), rief, ________________

Sortiere nun die Grundformen der Verben richtig dazu. Du findest sie hier in veränderter Reihenfolge:

lärmen, sagen, widersprechen, fragen, hetzen, zischen, schreien, bitten, befehlen, meinen, überlegen, raten, fauchen, ~~singen~~, rufen, erwidern, kreischen, andonnern

Schreibe so: sang, sangen: singen; rief, riefen: ________________

Name:

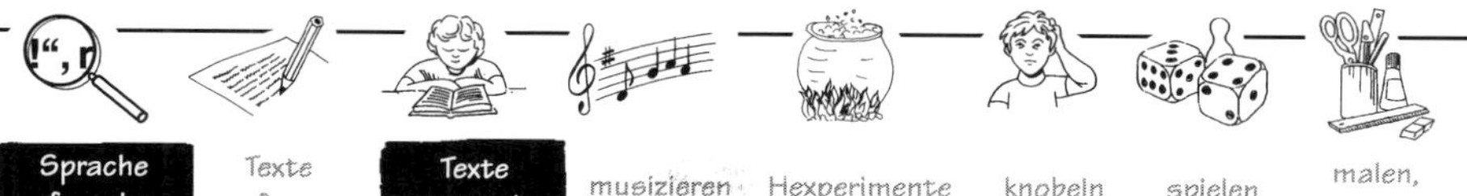

Wörtliche Rede I

Setze die fehlenden Satzzeichen ein. Schlage dann im zweiten Kapitel nach und kontrolliere selbst.

Typ 1: Vorangestellter Begleitsatz

Da riefen die Nebelhexen: „Sie soll es büßen!“

Die Muhme Rumpumpel erwiderte   Nichts da! Du freches Stück musst bestraft werden

Die Berghexen kreischten   Zur Oberhexe mit ihr! Auf der Stelle zur Oberhexe

Dann donnerte sie die kleine Hexe an   Du wagst es, in dieser Nacht auf den Blocksberg zu reiten, obwohl es für Hexen in deinem Alter verboten ist? Wie kommst du auf diesen verrückten Gedanken

Angstschlotternd sagte die kleine Hexe   Ich weiß nicht. Ich hatte auf einmal so große Lust dazu – und da bin ich halt auf den Besen gestiegen und hergeritten ...

Da aber sagte die Wetterhexe Rumpumpel zur Oberhexe   Willst du das kleine, freche Ding nicht bestrafen

Eine Sumpfhexe sagte   Da wüsste ich etwas Besseres! Gebt sie mir und ich stecke sie bis an den Hals in ein Schlammloch

Typ 2: Nachgestellter Begleitsatz

„Heia, Walpurgisnacht!“, sang sie aus voller Kehle.

Verrat mich nicht   bat die kleine Hexe erschrocken.

Darf ich dann wenigstens nächstes Jahr mittanzen   fragte sie

Bestraf es   hetzten die anderen Wetterhexen

Nehmt doch den Besen dazu   riet die Muhme Rumpumpel

Wir verlangen es   lärmten die Hexen im Chor ...

Name:

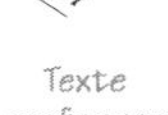

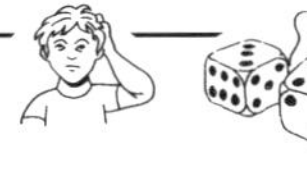

Sprache erforschen | Texte verfassen | **Texte untersuchen** | musizieren | Hexperimente | knobeln | spielen | malen, basteln

Wörtliche Rede II

Setze die fehlenden Satzzeichen ein. Schlage dann im zweiten Kapitel nach und kontrolliere selbst.

Typ 3: Eingeschobener Begleitsatz

„Hm …“, überlegte die Oberhexe. „Das kann ich dir heute noch nicht versprechen …“

Dann wirst du gefälligst auch wieder nach Hause reiten! befahl ihr die Oberhexe Verschwind hier, und zwar schleunigst! Sonst müsste ich böse werden!

Bestraf es! riefen auch alle übrigen Ordnung muss sein! Wer zum Hexentanz reitet, obwohl es ihm nicht erlaubt ist, der muss einen Denkzettel kriegen!

Wie wäre es riet eine Knusperhexe wenn wir sie einige Wochen lang einsperren würden? Ich habe daheim einen Gänsestall, der steht leer …

Nein widersprachen die Kräuterhexen wir sollten ihr ordentlich das Gesicht zerkratzen!

Das außerdem! fauchten die Windhexen Aber sie muss auch gehörig Schläge bekommen!

Aufgepasst! sagte die Oberhexe, als alle anderen Hexen gesprochen hatten Wenn ihr verlangt, dass die kleine Hexe bestraft werden soll …

… dann schlage ich vor rief die Oberhexe dass wir ihr einfach den Besen wegnehmen und sie zu Fuß auf den Heimweg schicken! Drei Tage und Nächte lang wird sie zu laufen haben, bis sie in ihren Wald kommt – das reicht.

Heia, Walpurgisnacht!

Text

(flüstern)
Auf dem Blocksberg ist heut Nacht
ein großes Feuer angemacht.
Funken schlagen, Äste krachen,
in der Hitze hört man's lachen.
Es kreischt, es heult, es singt und zischt –
pass auf, dass man dich nicht erwischt!

Alle Hexen fliegen heut zum Blocksberg.
Nur die jungen und die kleinen
dürfen keinesfalls erscheinen,
auf dem Blocksberg.
Die jungen Senioren, noch grün hinter den Ohren,
hab'n dort nichts verloren, hab'n dort nichts verloren.
Sie werden ausgelacht
in der Walpurgisnacht.
I: Heia, Walpurgisnacht! Heia, Walpurgisnacht!
Pass auf, ein Hexentanz, das ist kein Kaffeekranz. :I

Hexentanz ist heute auf dem Blocksberg.
Selbst die Kate aus San Francisco
kommt extra für die Hexendisco
auf den Blocksberg.
Sie will sich verbiegen und Hexenschuss kriegen,
ums Feuerchen fliegen, ums Feuerchen fliegen.
weil das so schön erhitzt.
Die Kate singt ganz verschwitzt:
I: Heia, Walpurgisnacht! Heia, Walpurgisnacht!
Hör, so ein Hexentanz, das ist kein Kaffeekranz. :I

Willst du mal dabei sein auf dem Blocksberg,
musst du erst alt und hässlich werden
und einen Hexenbesen erben
für den Blocksberg.
Dann auf dem Brocken, ganz unerschrocken,
mit Hexen rocken, mit Hexen rocken.
Ein Tipp: Bei ihrem Hit
sing unauffällig mit.
I: Heia, Walpurgisnacht! Heia, Walpurgisnacht!
Denn so ein Hexentanz, das ist kein Kaffeekranz. :I
Denn so ein Hexentänzchen, das ist kein Kaffeekränzchen.
Denn so ein Hexentänzlein, das ist kein Kaffeekränzlein …

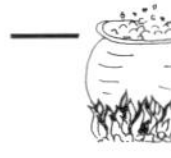

Heia, Walpurgisnacht!

Noten

Melodie: Peter Peters
Text: Gerd Engel

Em H7 Em Am
Al - le He - xen flie-gen heut zum Blocks - berg. Nur die jun - gen

H7 Em
und die klei- nen dür-fen kei-nes - falls er-schei-nen, auf dem Blocks-berg.

G D
Die jun - gen Se - nio - ren, noch grün hin - ter den Oh - ren,

C H7
hab'n dort nichts ver - lo - ren, hab'n dort nichts ver - lo - ren.

Am H7
Sie wer - den aus - ge - lacht, in der Wal - pur - gis - nacht.

G D
Hei - a, Wal - pur - gis - nacht! Hei - a, Wal - pur - gis - nacht! Pass

1. C H7
auf, ein He - xen - tanz, das ist kein Kaf - fee - kranz.

2. C H7
auf, ein He - xen - tanz, das ist kein Kaf - fee - kranz.

Schaurige Klänge

Ideen für selbst gemachte Instrumente

Klapperdose

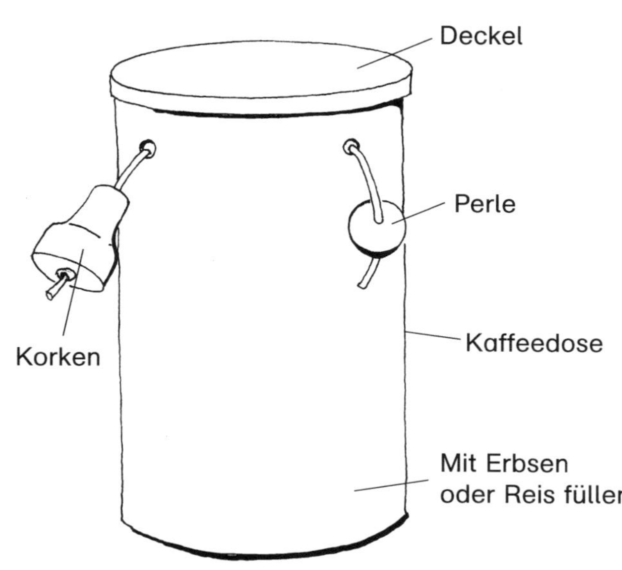

Klapperbrett

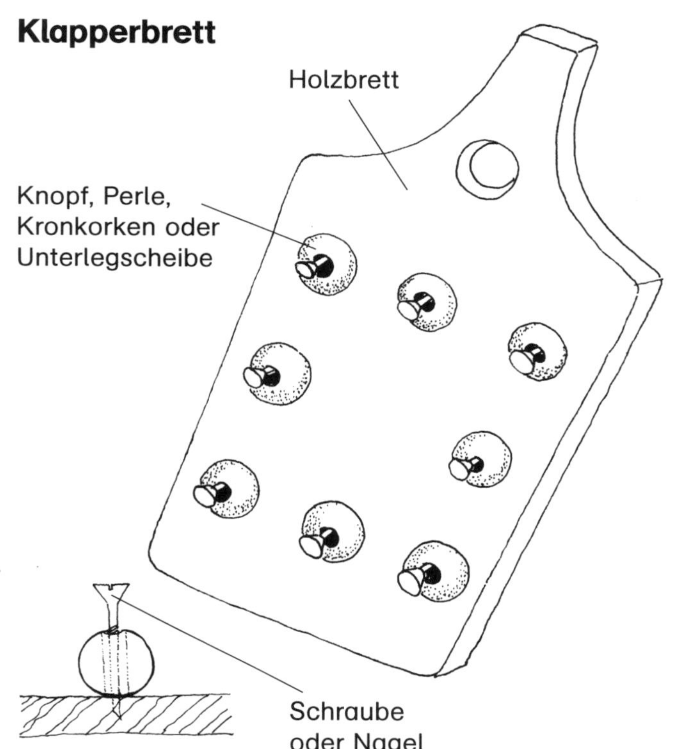

Zupfe

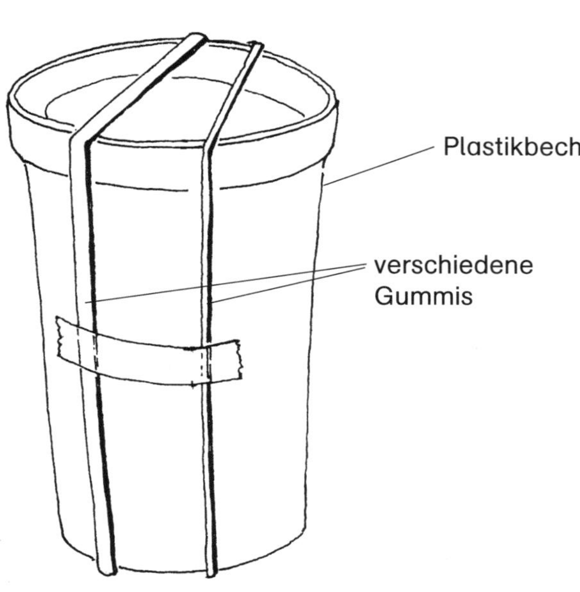

Becherschwirre

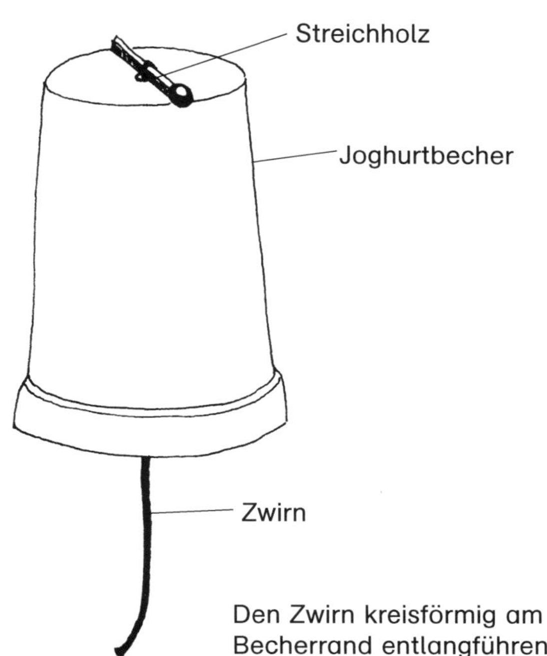

Den Zwirn kreisförmig am Becherrand entlangführen.

Name:

Heimliche Zwillinge

In der Walpurgisnacht haben sich die Berghexen zum Familienfoto aufgestellt. Trotz der Familienähnlichkeit sehen alle verschieden aus. Wirklich alle?

Wenn du genau hinschaust, kannst du ein Zwillingspärchen erkennen. Male diese beiden Hexenköpfe farbig aus. Viel Spaß beim Suchen!

Name:

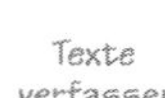

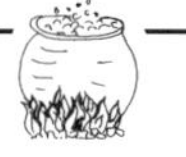

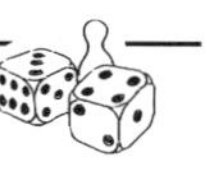

Sprache erforschen | Texte verfassen | **Texte untersuchen** | musizieren | Hexperimente | knobeln | spielen | malen, basteln

Alles wahr?

Die kleine Hexe berichtet Abraxas von der Walpurgisnacht.
Setze den Bericht in die Vergangenheitsform Präteritum.
(Die richtigen Verbformen findest du unten alphabetisch aufgelistet.)

Zunächst (geht) ging alles glatt. Ich (mische) ____________ mich unter die anderen Hexen und (tanze) ____________ um das Feuer. Dann aber (bemerkt) ____________ mich meine Muhme Rumpumpel. Sie (stellt) ____________ mich zur Rede. Ich (bitte) ________ sie noch, mich nicht zu verraten, doch sie (zetert) __________ derartig rum, dass auch andere Hexen auf mich aufmerksam (werden) ______________ . All mein Betteln (hilft) __________ nichts.
Also (fordere) _______________ ich sie auf, mich zur Oberhexe zu bringen.
So (geschieht) _____________ es dann auch.
Als ich vor der Oberhexe (stehe) _____________ , (bin) _________ ich die Ruhe selbst. Die Oberhexe (ist) _________ eigentlich ganz in Ordnung.
Sie (will) ____________ mich nur zurückschicken und (stellt) ____________ mir sogar in Aussicht, vielleicht im nächsten Jahr dabei sein zu können.
Sie (verlangt) _________________ , ich müsse eine gute Hexe werden.
Ich (verspreche) ______________ es und (bedanke) _____________ mich.
Da (fordert) _______________ Rumpumpel, die doofe Zicke, eine Strafe für mich.
Alle anderen Hexen (machen) ______________ die schrecklichsten Vorschläge.
Schließlich (entscheidet) _______________ die Oberhexe, dass ich zu Fuß nach Hause laufen solle. Den Besen (nimmt) ____________ man mir weg und (wirft) ___________ ihn ins Feuer.

bedanke – bedankte
bemerkt – bemerkte
bin – war
bitte – bat
entscheidet – entschied
fordere / fordert – forderte
~~geht – ging~~
geschieht – geschah
hilft – half
ist – war
machen – machten
mische – mischte
nimmt – nahm
stehe – stand
stellt – stellte (2 x)
tanze – tanzte
verlangt – verlangte
verspreche – versprach
werden – wurden
will – wollte
wirft – warf
zetert – zeterte

An zwei Stellen hat die kleine Hexe ein wenig geflunkert. Weißt du, wo?

Name:

Sprache erforschen

Texte verfassen

Texte untersuchen

musizieren

Hexperimente

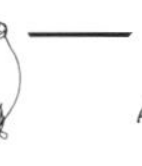
knobeln

spielen

malen, basteln

Hokuspokus Reimwerkstatt

Die kleine Hexe ist wütend. Am liebsten würde sie Rumpumpel die fürchterlichsten Dinge anhexen. Ob in ihrem Hexenbuch auch steht, wie man reimt?

Lies auf Seite 21 nach, was die kleine Hexe der Muhme anhexen möchte. Beende dann die Hexensprüche mit passenden Reimen.

Hokuspokus Blumenvase, vom Schwein kriegst du die runde ______________.

Hokuspokus, Gruß aus Wesel, und die Ohren von 'nem ______________.

Hokuspokus, meine Süße, ______________.

Hokuspokus, das wird hart, ______________.

Hokuspokus Hexentanz, ______________.

Sprich die Reime laut und achte auf den Rhythmus. Kreuze die Fortsetzung an, die am besten klingt. Vergleicht eure Ergebnisse.

Hokuspokus Luftmatratze, ...
- ❏ Haare ab, dafür 'ne Glatze.
- ❏ du kriegst angehext eine Glatze.
- ❏ hier hast du von mir eine Glatze.

Hokuspokus Fußballspiel, ...
- ❏ wie wäre es mit Haut vom Krokodil?
- ❏ kriegst Lederhaut vom Krokodil.
- ❏ Haut vom Krokodil.

Hokuspokus Tassenhenkel, ...
- ❏ du sollst haben schöne Krötenschenkel.
- ❏ schon hast du Krötenschenkel.
- ❏ gut steh'n dir die Krötenschenkel.

Hokuspokus, musst nicht weinen, ...
- ❏ du läufst mit Spinnenbeinen.
- ❏ wie läuft es sich auf Spinnenbeinen?
- ❏ erfreue dich an deinen Spinnenbeinen.

Name:

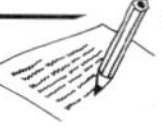

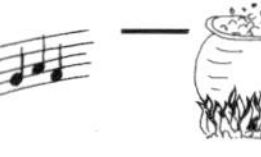

Ein strenger Freund

Abraxas ist der Freund der kleinen Hexe – aber ein ziemlich strenger!

Finde für jeden der sechs Punkte mindestens ein Beispiel aus dem Kapitel „Rachepläne“. Schreibe auf, was der Rabe genau sagt.

1. Abraxas macht der kleinen Hexe Vorwürfe.

2. Abraxas erkundigt sich bei der kleinen Hexe.

3. Abraxas bewertet die Situation der kleinen Hexe.

4. Abraxas gibt der kleinen Hexe recht.

5. Abraxas ermahnt die kleine Hexe.

6. Abraxas gibt der kleinen Hexe Ratschläge.

Name:

Interview mit der „Hexenwelt“

Für die Fachzeitschrift „Hexenwelt“ führt die Reporterin Emma Emsig ein Interview mit der kleinen Hexe.

Lies das Interview gemeinsam mit einem Partner. Versucht es fortzusetzen.

Ich treffe die kleine Hexe in ihrem gemütlichen Häuschen in Gesellschaft ihres Raben Abraxas. Im Haus sieht es recht aufgeräumt aus. Es gibt den üblichen Kräutertee mit Plätzchen. Die kleine Hexe wirkt auf mich, in Anbetracht der letzten Ereignisse, erstaunlich locker.

Emma Emsig: Na, sind die Füße wieder heil?

Kleine Hexe: Sie haben davon gehört?

Die „Hexenwelt“ wäre eine schlechte Fachzeitschrift, wenn …

Ja, natürlich. Ich vermute, meine Muhme hat geplaudert.

Sie werden verstehen, dass ich meine Informantin nicht nennen kann.

Verstehe. Ist ja auch egal. Meine Füße sind jedenfalls wieder heil.

Und?

Was, und?

Ich meine, ist die andere Wunde auch schon verheilt? Also sozusagen die innere Verletzung.

Wenn Sie jetzt wissen wollen, ob ich noch sauer bin, dann muss ich ganz klar sagen: Logo! Ich meine, wer wäre das nicht?

Erzählen Sie doch noch mal genau.

Muss das wirklich sein? So gerne erinnere ich mich nicht daran …

Bitte, für unsere Leserinnen.

Also gut! Die Sache war die: Ich wollte unbedingt in der Walpurgisnacht auf dem Blocksberg mittanzen.

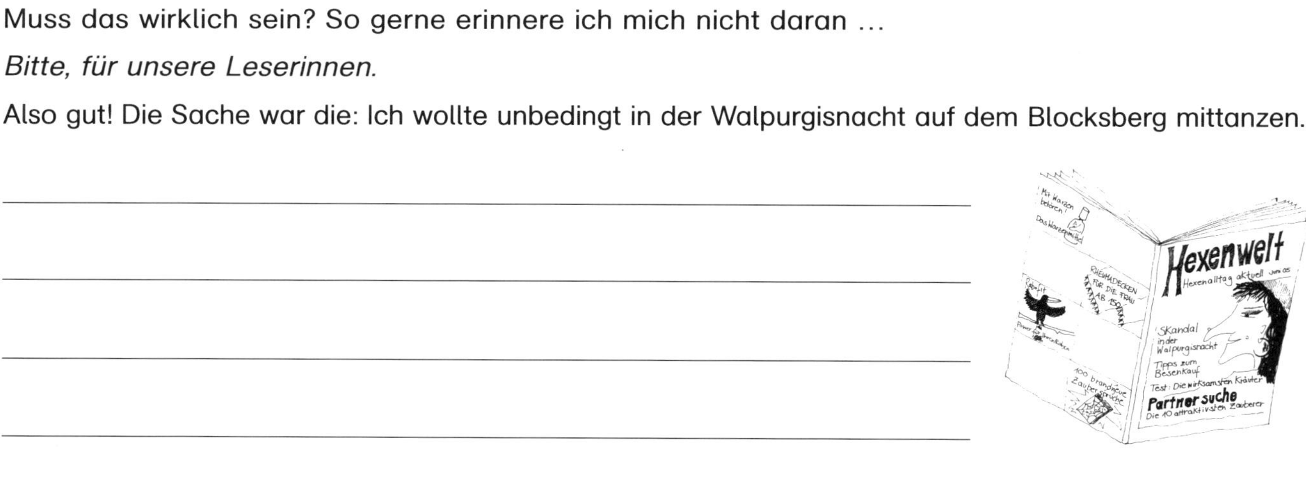

Denke dir ein eigenes Interview mit Rumpumpel oder mit Abraxas aus.

Name:

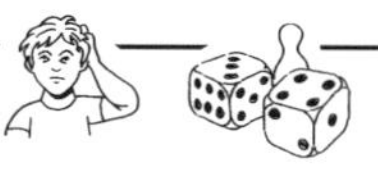

Kräuterhexerei

Die Natur hält für fast jede körperliche Beschwerde ein Mittel bereit: Aufgüsse, Wundauflagen, Tees, Duftöle, Badezusätze, Salben und Speisen aus Kräutern, Pilzen, Samen, Beeren, Blättern und Rinden. Manchmal handelt es sich dabei auch um giftige Substanzen, die in geringer Menge aber heilsam sein können. Vieles davon wird auch heute noch in der Hausmedizin verwendet oder sogar als Medikament hergestellt. Zum Glück sind Kröteneier, Mäusedreck und gemahlene Fledermauszähne aber in keiner Rezeptur zu finden ...
Früher waren es vor allem Frauen, die sich in der Naturmedizin auskannten. Die Menschen gingen zu ihnen, weil es nur wenige gut ausgebildete Ärzte gab. Immer wieder wurden diesen Frauen auch magische Fähigkeiten angedichtet – und aus einem Kräuterweib wurde so eine „Hexe". Die betrachtete man aber nicht nur mit Bewunderung, sondern auch mit Abscheu, Angst und Hass. Wenn dann für ein Unglück, z. B. für ein großes Feuer oder eine Missernte, eine Erklärung gesucht wurde, waren schnell die „Hexen" als Schuldige ausgemacht. Sie wurden vertrieben oder sogar getötet.

Eine alte Heilpflanze: Die Ringelblume

Die Ringelblume ist eine alte Heilpflanze und dabei völlig ungiftig. Sie wächst auch auf anspruchslosen Böden wie Schutthalden, wird 30 bis 60 cm hoch und hat leuchtend gelb-orange Blütenköpfe mit saftigen, klebrigen Blättern und Stängeln. Im Volksmund heißt die Ringelblume auch Regenblume. Sind ihre Blütenköpfe nämlich nach 7 Uhr morgens noch geschlossen, dann soll dies angeblich bedeuten, dass es an diesem Tag Regen geben wird. Zur Reinigung des Blutes kann man Tee aus getrockneten Ringelblumen trinken. Eine Salbe aus Ringelblumen soll gegen Krampfadern, Frostbeulen sowie Fußpilz helfen und fördert die Heilung von Wunden.

Ringelblumensalbe

Salben herzustellen ist gar nicht so schwer. Wenn niemand von euch Ringelblumen im Garten hat oder sie in eurer Umgebung nicht zu finden sind, besorgt euch 20 g getrocknete Ringelblumen in der Apotheke (ca. 1,30 €). Dort bekommt ihr auch Wollfett als Salbengrundstoff. Synthetisch hergestelltes Wollfett wird unter dem Namen *Eucerinum Anhydricum* verkauft. Ihr braucht für 20 kleine Portionen etwa 200 g Wollfett (ca. 8,– €).
Die Ringelblumen müsst ihr in kleinste Stücke schneiden und mörsern, bis sie fast pulvrig sind. In einem Wasserbad von 50 bis 70 °C bringt ihr das Eucerin zum Schmelzen und rührt die gehackte Ringelblume unter. Die Schale abkühlen und einen Tag abgedeckt stehen lassen, damit die Wirkstoffe vom Fett aufgenommen werden können. Dann erneut erhitzen und verflüssigen. Das warme, flüssige Fett durch ein Leinentuch (z. B. ein altes Küchenhandtuch) gießen und in kleine Filmdöschen füllen. Im Kühlschrank ist die Salbe mehrere Wochen haltbar.

Name:

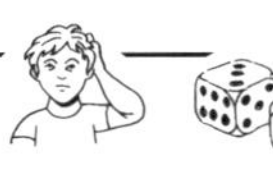
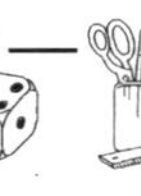

Krämer-Rap von Balduin Pfefferkorn

Teilt eure Klasse in Gruppen auf. Jede Gruppe übernimmt einen Teil des Textes. Bei diesem Sprechrap klingt es gut, wenn die Sprecher häufig wechseln.

Guten Tag, meine Dame! Guten Tag, mein Herr! / Was darf's denn heute sein? /
Saurer Hering aus dem Fass? / Nicht zu trocken? / Nicht zu nass? /
Nicht zu groß und nicht zu klein? /
Alles wird fein abgewogen und beim Wiegen nicht gelogen. /
Denn Sie soll'n ja wiederkommen. / Ganz gewiss, kein Beschiss. /
Ach, was Sie nicht sagen: / Der Hering riecht nach Seife? /
Das ist ja ungeheuerlich / für den Fisch und für mich! /
Dabei kommt der frisch / aus Bremerhaven, / wo sich neulich Grafen trafen /
um mal auf 'nem Schiff zu schlafen. /
Ja, wie denken Sie darüber? / Stimmt, das Wetter wird auch trüber /
und die Zeiten ändern sich / und was war jetzt mit dem Fisch?

So 'ne alte Krämerseele hat 'ne wundgequatschte Kehle. /
Ja, ein Krämer, der muss schwätzen, / die Leiter rauf und runter wetzen / und vier Hände kann man brauchen / oder besser gleich noch acht, / weil so ein Laden Arbeit macht. /
Ja, ein Krämer, der muss schwätzen / ohne Rast, / zugehört und aufgepasst, / bei mir kann man noch was lernen: / Küss die Hand / oder die Pranke, / hab' die Ehre, / bitte, / danke.

Wer hier kauft, der braucht Geduld, / und mein Lehrling, der ist schuld, /
wenn was nicht zu finden ist, / weil der Lümmel gern vergisst / Ware richtig zu sortieren. /
Na, er wird's schon noch kapieren. /
Ein Krämer, der muss kramen. / Ja, da kenn ich kein Erbarmen. / Hier ist alles gut gemischt, /
denn ein bisschen Durcheinander, / ich sag's ehrlich, / macht mich nämlich unentbehrlich. /
Ordnung wär für mich gefährlich. / Durchblick hab nur ich allein, / sonst könnt ja jeder Krämer sein. /
Und fände jeder selbst / die Apfelsinen, /
könnt man sich gleich selbst bedienen. /
Ja, wo kämen wir da hin? /
Und wo wäre dann der Sinn /
von dem schönen Krämerleben? / Eben!

Zweite Reihe links die Eier,
daneben Tipps für Ihre Feier,
direkt auf den Haifischzähnen,
gefolgt von den Metallbaukränen.
In der Dose oberhalb
liegt Geräuchertes vom Kalb,
verdeckt dahinter Gulaschdosen
sowie gerippte Unterhosen.
An den Haken von dem Tresen
hängt mein Sortiment von Besen:
harte, weiche, kurze, lange,
Handblech, Feger, Hammer, Zange.

Name:

Sprache erforschen

Texte verfassen

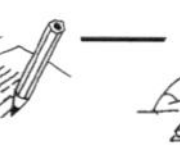
Texte untersuchen

musizieren

Hexperimente

knobeln

spielen

malen, basteln

Gute Vorsätze – Gute Antwortsätze

Beantworte die Fragen zum Kapitel „Gute Vorsätze“ in ganzen Sätzen.

1. An welchem Gegenstand blieb die kleine Hexe bei ihrem Ausritt mit dem neuen Besen hängen?

   Sie blieb am Schnabel ______________________________

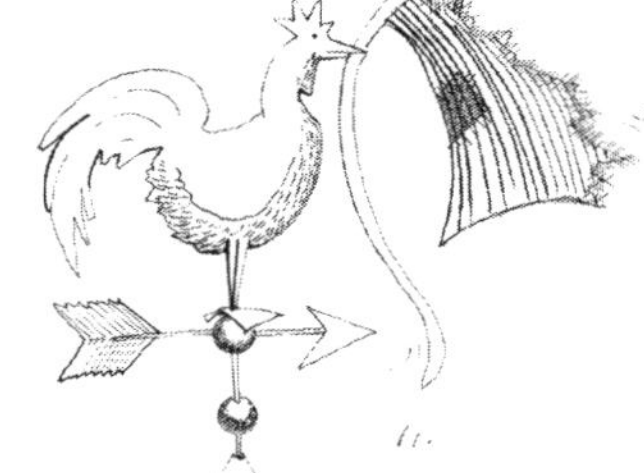

2. Welche Folgen hatte das?

   Ihre Schürze ______________________________

3. Was tat die kleine Hexe, um den Besen zu zähmen, ohne dabei in Gefahr zu geraten?

   ____

   ____

4. Welchen Unfug machte die kleine Hexe, nachdem sie den Besen gezähmt hatte?

   ____

   ____

5. Abraxas und die kleine Hexe streiten sich. Worum geht es dabei?

   ____

   ____

   ____

6. Was nimmt sich die kleine Hexe nach einer Bedenkzeit vor?

   ____

   ____

Name:

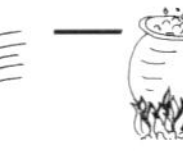
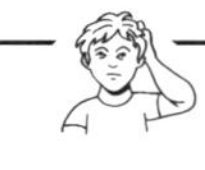
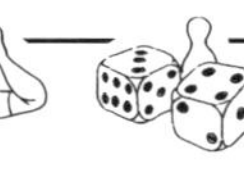

Familienkatastrophe

Im Wald der Wortfamilien hat der Wind der kleinen Hexe auch geweht.

Kannst du die Äste den passenden Wortstämmen wieder zuordnen? Wähle für jeden Stamm eine andere Farbe und male die Astwörter passend an.

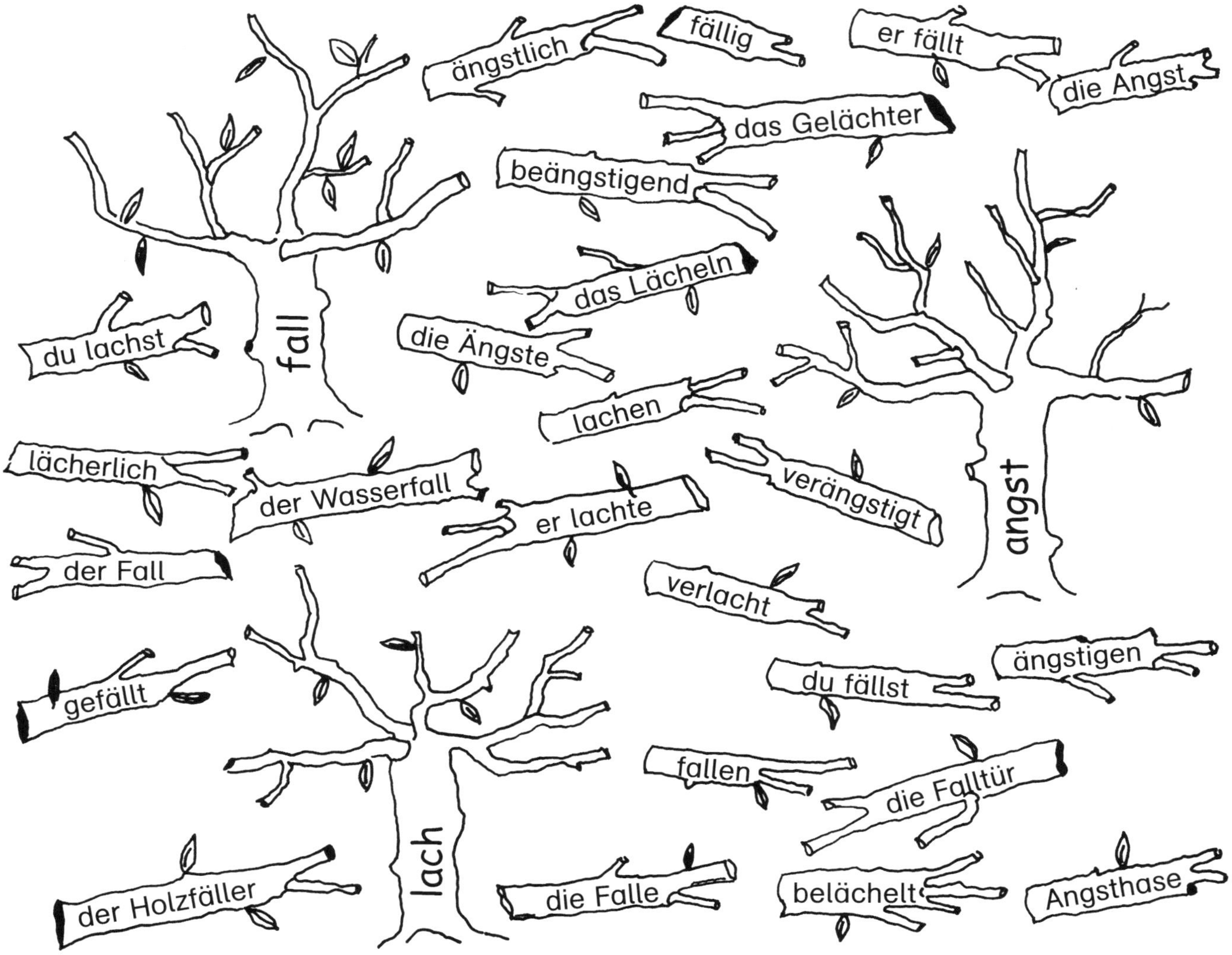

Stämme: fall, angst, lach

ängstlich, fällig, er fällt, die Angst, das Gelächter, beängstigend, das Lächeln, du lachst, die Ängste, lachen, lächerlich, der Wasserfall, er lachte, verängstigt, der Fall, verlacht, ängstigen, gefällt, du fällst, fallen, die Falltür, der Holzfäller, die Falle, belächelt, Angsthase

Suche auch zu diesen Wörtern noch Familienmitglieder.
Schreibe sie untereinander auf und markiere den Wortstamm farbig.

lang	Zahn	Stamm	Ast	Wald	Haus	Anfang

Name:

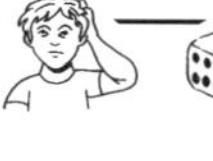
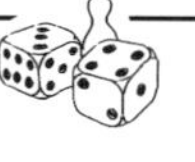

Sprache erforschen | Texte verfassen | Texte untersuchen | musizieren | Hexperimente | knobeln | spielen | malen, basteln

Das Wort im Munde rumdrehen I

Verzaubere die Sätze der Lehrerin so, wie die kleine Hexe es beim Revierförster im siebten Kapitel macht.

David, jetzt hör endlich auf
mit deinem Nachbarn zu quatschen.
Merkst du nicht, wie uns das stört?
Außerdem erkläre ich gerade etwas sehr Wichtiges.
Das sollte dich auch interessieren.

David, rede doch bitte etwas lauter mit deinem Nachbarn.

____

____

____

Bei diesem Bild hast du dir leider keine Mühe gegeben. Also, wie scheußlich die Farben hier verlaufen sind. Das ist ja eine Katastrophe! Und so etwas willst du ernsthaft abgeben? Ich glaube, ich muss mal mit deinen Eltern sprechen.

Bei diesem Bild hast du dir zum Glück ______________________________

____

____

____

Was wir in der Schule nicht geschafft haben, das müsst ihr eben zu Hause nacharbeiten. Es gibt zu den normalen Hausaufgaben noch etwas extra auf.

____

____

____

Das Wort im Munde rumdrehen II

Verändere die Sätze so, dass genau das Gegenteil ausgesagt wird.

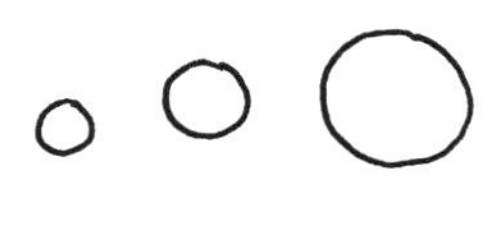

Leckere, süße Apfelsinen!
Frisch aus Spanien eingetroffen.
Die hingen gestern Abend noch am Baum!
So etwas Gutes haben Sie noch nicht probiert.
Und so günstig!

Ungenießbare, saure Apfelsinen! ________________

____

____

____

____

Bist du in der Schule auch manchmal müde und unkonzentriert? Dann brauchst du Schlecker-Schluck, das neue Pausenmixgetränk für den kleinen Durst zwischendurch. Es enthält viele Vitamine, Mineralien und jede Menge Energie. Da freut sich auch deine Lehrerin. Außerdem schmeckt es superlecker und löscht ruckzuck den Durst.
Schlecker-Schluck gibt es in drei tollen Geschmacksrichtungen:
Erdbeer, Vanille und Barakuda.
Schlecker-Schluck, das Pausengetränk für clevere Kids!

Bist du in der Schule auch immer ganz wach und __________

____

____

____

____

____

____

Name:

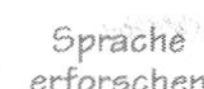

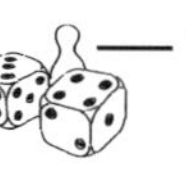

Sprache erforschen | Texte verfassen | Texte untersuchen | **musizieren** | Hexperimente | knobeln | spielen | malen, basteln

Lied des Revierförsters

Melodie: Peter Peters
Text: Gerd Engel

Refrain

Strophe

2. Das ist mein Wald, hier bin ich Chef,
schimpf mit jedem, den ich treff.
Finger weg von diesen Ästen!
„Nehmen Sie sich ruhig die besten!"

3. In diesem Wald muss man mich fragen,
denn nur ich hab hier zu sagen.
Wer hier rumstreunt, der fliegt raus!
„Natürlich trag ich Sie nach Haus!"

4. Manchmal schieße ich auch Hasen,
denn die kötteln auf den Rasen.
Ach, wie mich die Biester stören!
„Heut schenkt euch der Förster Möhren!"

Name:

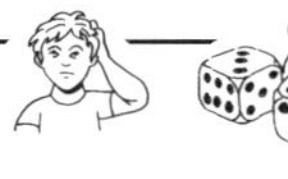

Sprache erforschen | Texte verfassen | Texte untersuchen | musizieren | Hexperimente | knobeln | spielen | **malen, basteln**

Welch eine Blume …

Eine Papierblume, die von alleine duftet, ist das hier nicht – auch wenn sie an die Blütenkelche tropischer Pflanzen erinnert. Aber sie kann sich im Fallen rasant drehen und dabei ihre Farbe ändern. Dafür würde sich nicht nur der Billige Jakob anstellen …

Du brauchst:

- 1 Blatt Papier (DIN A4)
- 1 Klebestreifen
- Schere und Buntstifte

So geht es:

- Papier zu einem Kegel rollen

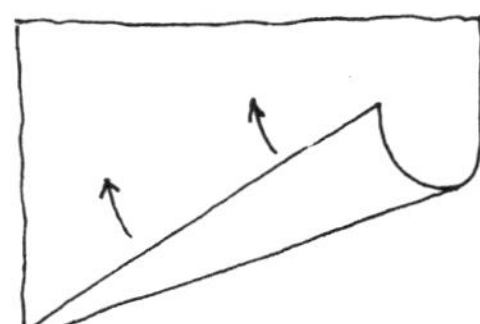

- mit einem Klebestreifen fixieren; oberen Rand gerade abschneiden

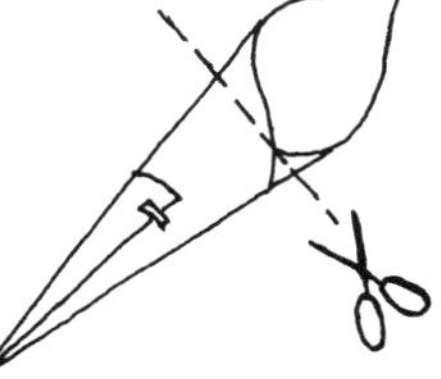

- den Kegel achtmal in gleichmäßigem Abstand einschneiden (ca. 4 – 5 cm tief)

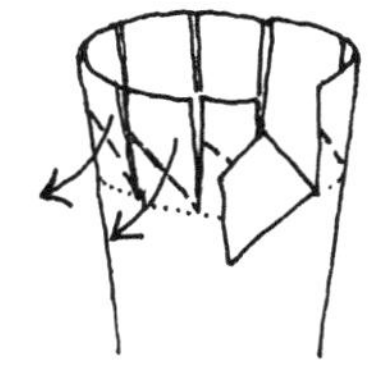

- die Laschen im Winkel von 45 Grad alle in die gleiche Richtung wegknicken

- Probeflug aus mindestens 2 m Höhe
- wieder auffalten und bemalen

Beim Bemalen kannst du probieren, breite Streifen in zwei Grundfarben aufzutragen. Beim Drehen wirst du dann die Mischfarbe sehen (Gelb und Blau ergibt z. B. Grün). Besonders gut kannst du das beobachten, wenn deine Blume aus großer Höhe fällt. Keine Angst, der Papiertrichter ist ziemlich stabil. Das Fallvergnügen dauert etwas länger, wenn du statt normalem Kopierpapier (80 g / m²), leichteres Papier (60 g / m²) benutzt, z. B. Endlospapier oder Faltpapier.

Name:

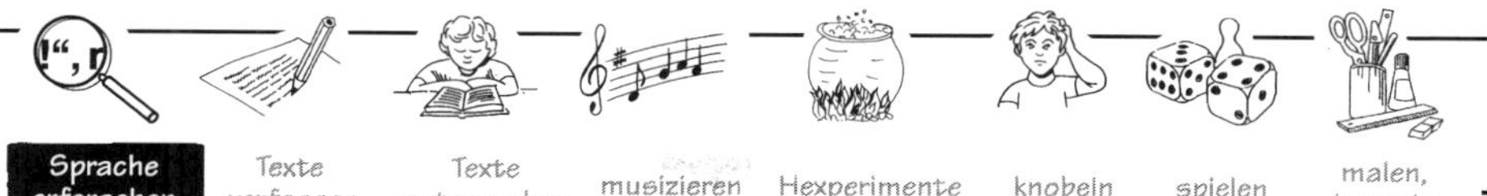

Die wundersame Papierblumenvermehrung

Ändere den Bericht des Blumenmädchens so ab, dass er von einem Marktbesucher stammen könnte, der die Szene beobachtet hat. Dazu brauchst du nur einige Wörter durch andere zu ersetzen. Im ersten Teil sind diese Wörter unterstrichen. Im zweiten Teil sollst du sie selbst finden. Die Wörter heißen Pronomen (Fürwörter).

Heute auf dem Markt ist etwas Seltsames passiert.
Ich stand mit meinen Papierblumen wie immer im hintersten Winkel des Marktes. Meine Geschäfte gingen schlecht. Keiner beachtete mich. Die Leute liefen achtlos an mir vorbei. Plötzlich kam ein altes Weib mit einem Raben auf der Schulter zu mir und fragte mich aus. Ich erzählte der Alten von meiner Not. Da behauptete die Fremde doch tatsächlich, die Blumen würden duften.

Seltsam! Meine Blumen dufteten tatsächlich! Klingt verrückt, nicht? Die anderen Marktbesucher wurden durch den Duft neugierig und kamen zu mir. Alle wollten auf einmal bei mir kaufen. Und noch verrückter war: So viel ich auch verkaufte, meine Blumen gingen nicht aus. Ich konnte das Geld kaum nach Hause schleppen. Ob die geheimnisvolle alte Frau wohl etwas damit zu tun hatte?

Das Blumenmädchen stand mit seinen Papierblumen wie immer ______

Redewendungen

Hier findest du Textstellen mit Redewendungen aus den ersten acht Kapiteln.

Überlege, welche Formulierung die jeweils richtige ist, und kreuze sie an. Schlage dann die Textstelle im Buch nach, vergleiche und trage die Seitenzahl ein.

Die kleine Hexe
❑ hielt große Stücke auf ihn,
❑ hielt große Reden über ihn,
❑ hielt große Stücke unter ihm,
weil er ein ausnehmend weiser Rabe war, der ihr in allen Dingen die Meinung sagte und
❑ nie ein Blatt vor den Mund nahm.
❑ nie ein Blatt vor den Schnabel nahm.
❑ sich immer ein Taschentuch vor die Nase hielt.
Seite ☐

„Sieh mal – mit einhundertsiebenundzwanzig Jahren kannst du noch nicht verlangen, dass dich die großen Hexen
❑ für leer nehmen."
❑ für voll tanken."
❑ für voll nehmen."
Seite ☐

„Was man nicht haben kann, soll man
❑ auch nicht wünschen",
❑ sich aus dem Kopf schlagen",
❑ sich gegen den Kopf schlagen",
krächzte der Rabe. 
Seite ☐

„Wer zum Hexentanz reitet, obwohl es ihm nicht erlaubt ist, der muss
❑ einen Schreck kriegen!"
❑ einen Denkzettel kriegen!"
❑ einen Strafzettel kriegen!"
Seite ☐

„Bitte sehr", krächzte Abraxas beleidigt. „Aber die Muhme Rumpumpel wird sich bei solchen ‚Späßen'
❑ ins Fäustchen machen …"
❑ ein Fäustchen lachen …"
❑ ins Fäustchen lachen …"
Seite ☐

Wind machen war für die kleine Hexe
❑ ein Kinderstück.
❑ ein Kinderspiel.
❑ Kleinkinderspiel.
Seite ☐

Name:

    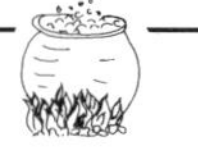 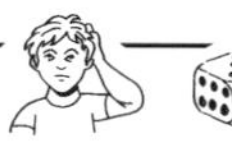  

Sprache erforschen | Texte verfassen | **Texte untersuchen** | musizieren | Hexperimente | knobeln | spielen | malen, basteln

Eine saftige Lehre

Bringe die Zusammenfassung des Kapitels in die richtige Reihenfolge. Schreibe dafür Zahlen von 2 bis 15 hinter die Sätze.

✂

Dann darf der Kutscher endlich losfahren. Er schwört sich, nie mehr eine Peitsche anzurühren.	
Nach einigen Regentagen und jeder Menge Langeweile hat die kleine Hexe richtig Lust zu hexen.	1
Die kleine Hexe trägt den Pferden auf, sich im Moment der Abfahrt nicht zu rühren.	
Als der Kutscher sie mit der Peitsche schlagen will, trifft er sich selbst.	
Auf der Landstraße beobachten die beiden einen Bierkutscher, der die erschöpften Pferde an seinem Gespann schlägt.	
Als der Kutscher in eine Wirtschaft einkehrt, unterhält sich die kleine Hexe mit den Pferden.	
Abraxas ist ebenso entsetzt wie die kleine Hexe.	
Anschließend verhext sie die Peitsche und legt sich auf die Lauer.	
Sie fliegt unternehmungslustig nach draußen, begleitet von Abraxas und seinen Ermahnungen.	
Die Pferde jedoch rühren sich nicht.	
Nach einiger Zeit kommt der Kutscher vergnügt aus dem Wirtshaus, setzt sich auf den Kutschbock und will davonfahren.	
Die Pferde erzählen ihr von den zahlreichen Misshandlungen durch ihren Herrn.	
Immer wütender schlägt er auf die Pferde ein, doch jedes Mal wendet sich die Peitsche gegen ihn selbst.	
Als er wieder zu sich kommt, steht die kleine Hexe neben dem Fuhrwerk und droht ihm.	
Schließlich schlägt der Kutscher sogar mit dem Peitschenstiel zu und holt sich dabei eine blutige Nase. Ihm wird schwarz vor den Augen.	

Name:

Hexperiment: Hexenblut – grün vor Wut

Mit diesem Hexperiment kannst du beweisen, dass Hexenblut wahrhaft magische Fähigkeiten besitzt. Normales Blut kann Wasser nur rot färben. Hexenblut jedoch kann je nach Temperament der Hexe ganz verschiedene Farbtöne annehmen. Bei besonders zornigen Hexen soll es sogar grün werden können …

Die **Zutaten** sind preiswert und einfach zu beschaffen:

- einige Rotkohlblätter
- ein Tütchen Natronpulver (aus dem Drogeriemarkt)
- eine Flasche Essig oder Essigessenz
- Wasser

Außerdem brauchst du einen Topf, ein Sieb, mehrere Trinkgläser, eine Spülwanne und einen Kittel zum Schutz vor Flecken.

Zuerst musst du das **„Hexenblut" herstellen**. Es ist in Wahrheit Rotkohlsaft (für die Süddeutschen: Blaukrautsaft). Schneide die Blätter klein und koche sie in einem Topf mit ⅓ Liter Wasser aus. Mit einem Sieb kannst du die blaurote Flüssigkeit vom Kohl trennen. Dieses „Blut" verteilst du auf drei verschiedene Gläser, damit du glaubhaft behaupten kannst, es stamme von verschiedenen Hexen. Bereite dann drei weitere Gläser vor: ein Glas mit Wasser, ein Glas mit einer Mischung aus Wasser und Essig und ein Glas Wasser, in dem du einen Esslöffel Natronpulver auflöst. Für den Betrachter sehen alle gleich aus, nämlich farblos. Es reicht, wenn sie halb gefüllt sind.

Sind alle Vorbereitungen abgeschlossen, beginnt die **Vorführung**. Gieße das „Rotkohlblut" nacheinander in die Gläser Nr. 1 bis 3. Beobachte mit deinem Publikum, wie sich das Wasser jeweils verfärbt. Du darfst dabei gerne erzählen, dass es sich hier um eine magische Reaktion handelt …

Die **Erklärung**: Es findet eine chemische Reaktion statt. Rotkohlsaft ist ein Indikator (Anzeiger) für den Säurewert (ph-Wert) einer Flüssigkeit. Das Wasser ist meist neutral, Essigwasser natürlich sauer und Natronlauge basisch – das ist das Gegenteil von sauer. Natron kann die Säure vom Essig neutralisieren, also ausgleichen. Falls du einen Essigspritzer ins Auge bekommen solltest, spüle es sofort mit Natronlauge aus.

Deine Vorführung bekommt einen weiteren **Höhepunkt**, wenn du das restliche Natronpulver in das hellrote Essigwasser schüttest und die beiden sozusagen gegeneinander kämpfen lässt. Stell aber vorher eine Wanne darunter, denn es schäumt mächtig! Ein tolles Farbenspiel gibt es, wenn du frische Essigessenz in die grüne Natronlauge kippst.

Name:

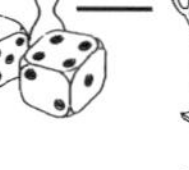

Das Mokkabohnenproblem

Die kleine Hexe will den Freitagskuchen aufschneiden. Auf einmal hält sie inne und betrachtet die Mokkabohnen.
„Willst du unseren Gästen nichts anbieten?", fragt Abraxas.
„Schon", meint die kleine Hexe nachdenklich. „Ich überlege nur, wie viele gerade Schnitte ich brauche, um sieben Teile mit je einer Mokkabohne zu erhalten."
Vroni sagt schnell: „Da reichen drei gerade Schnitte aus!"
Thomas ruft: „Unmöglich, das musst du uns beweisen!"

Weißt du, wie Vroni schneiden würde? Zeichne es ein.

Versuche nun, diesen Kuchen mit vier geraden Schnitten in möglichst viele Teile zu zerschneiden.

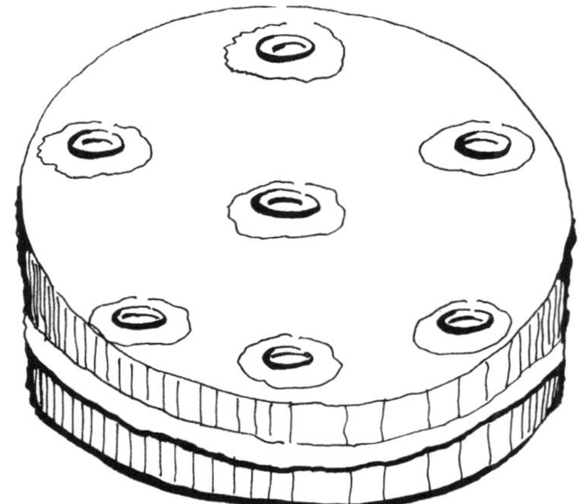

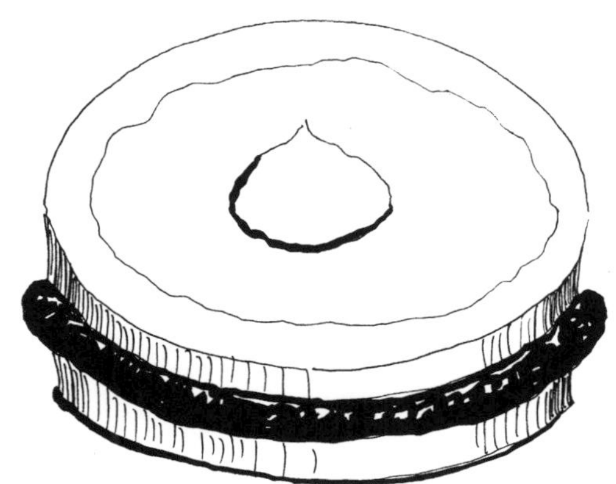

Abraxas hat gemerkt, dass die Kinder Spaß an dem Mokkabohnenproblem hatten.
„Mal sehen, ob ihr beim Rechnen auch so fix seid!", krächzt er.
Er stellt den Kindern folgende Frage: „Wie müsste man das Zifferblatt einer Uhr teilen, damit in beiden Hälften die Summe der Zahlen gleich groß ist?"

Zeichne die Lösung ein.

Kannst du das Zifferblatt auch in drei summengleiche Teile zerschneiden?

Rumpumpel spioniert

Es ist Freitag, der Tag, an dem Hexen nicht arbeiten dürfen. Rumpumpel spioniert der kleinen Hexe nach.

Schreibe in die Gedankenblase, was sie dabei denkt. Folgendes kannst du zum Ausdruck bringen: Erstaunen, Ärger, Neid, Drohungen, Schadenfreude …

Name:

Sprache erforschen | Texte verfassen | **Texte untersuchen** | musizieren | Hexperimente | knobeln | spielen | malen, basteln

Das leicht verhexte Schützenfest

Wer von euch kann das folgende Unsinnsgedicht laut lesen, ohne einen Knoten in die Zunge zu bekommen?

Das leicht verhexte Schützenfest
und was sich daraus machen lässt:
Ein leicht hervextes Fützenschest,
wo alles etwas anders ist!

Der scheste Bütze hat gein Klück:
Ver Dogel mießt vom Schast ruzück
und gifft den Truten an mer Dütze.
Setzt ist er jelbst der scheste Bütze.

Kie Dönigin kitzt in der Sutsche.
Kie Dinder raukeln auf der Schutsche.
Fie sürchten sich vorm Rakussell,
denn das hährt feute schnoppelt dell.

Im Zestfelt dommt kie Kanztapelle
grotz troßer Stüh nicht von der Melle.
Spie sielen seit zwei Schunden ston
lom ersten Vied dren ditten Ton.

Gas deht den Wänzern auf den Tecker,
bas Dier heckt schmeute auch licht necker.
Las diegt kohl an der Wellnerin,
bie sadet ihre Drände hin.

Ker Dützenschönig hautlals pennt,
hegorsam rolgt sein Fegiment.
Schlie safen drechsundseißig Stunden.
Ist wirklich wahr, ich hab's erfunden!

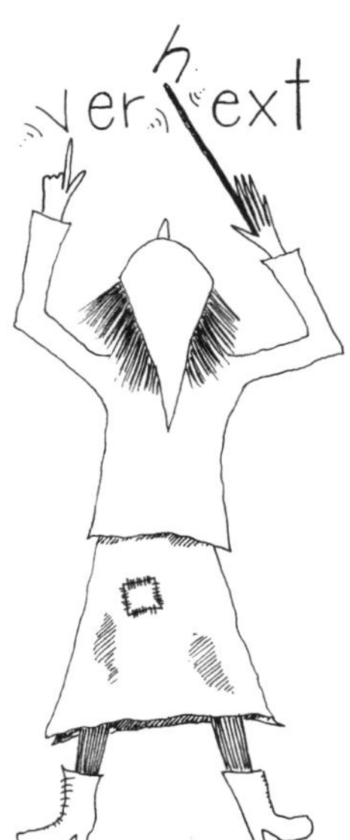

Du hast bestimmt gemerkt, dass hier Anfangskonsonanten von Silben oder Wörtern vertauscht wurden. Jetzt hervexe, äh, verhexe doch selbst einmal folgende Ausdrücke.

kleine Hexe: ______________________

dummer Jakob: ______________________

der weise Rabe: ______________________

Kartoffelsalat: ______________________

Zuckerschnecke: ______________________

befragen: ______________________

multiplizieren: ______________________

komisch: ______________________

Versuche, mit den neuen Wörtern Sätze zu bilden. Suche dir auch eigene Wörter zum Verhexen.

Name:

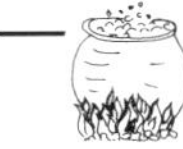

Sprache erforschen | Texte verfassen | Texte untersuchen | musizieren | Hexperimente | knobeln | spielen | malen, basteln

Soße Grensation auf dem Fützenschest!

Die kleine Hexe hat dem Zeitungsreporter auch noch seinen Bericht verhext. Kannst du ihn so vorlesen, dass du dich nach jedem „Versprecher" sofort verbesserst?

Thomas Müller (9), der Sohn des Wirtes vom goldenen Ochsen, ist der neue Kützenschönig. Die rahlzeichen Sebucher auf der Westfiese staunten Klaubötze, als der kleine Thomas mit seinem ersten Schuss gleich einen Trollveffer landete und den Adler von der Stange holte. Zuvor hatten alle Glitmieder unseres Vützenschereins unter dem fradenschohen Legächter der Menge kläglich nadeben zegielt.
Anschließend ritten der strahlende Thomas und seine schweine Klester Vroni auf Korbinian vom Plützenschatz zurück in die Stadt. Begleitet von den Mützenschusikern wurden sie tanürlich vor allem von den Kindern bejatscht und beklubelt. Auf dem Plarktmatz gab es noch eine große Mirkes mit Rakussells, Beistergahn und Ronypeiten. Der Ochse wird trotz Weuerferk übrigens eine reguhsame Nacht verbracht haben. Thomas servicherte gegenüber unserem Reporter nämlich, dass der Ochse nicht schlegachtet wird.

Schreibe den Bericht richtig in dein Heft.

Versuche nun den folgenden Live-Bericht unserer Reporterin Emma Emsig aus einem Klassenzimmer zu verhexen.

Da kommt sie schon, die beliebte Klassenlehrerin. Mit federnden Schritten geht sie gleich zur Wandtafel und ruft begeistert: „Guten Morgen, liebe Kinder! Habt ihr zu Hause auch fleißig gelernt?"
Frau ____________ trägt heute wieder ihren wunderschönen Hosenrock und die schwarzweiße Rüschenbluse. Die Kinder räkeln sich müde. Wahrscheinlich hätten sie lieber ausgeschlafen als schon am frühen Morgen einen Klassentest in Geometrie zu schreiben. Sie protestieren lautstark.
Frau ____________ lacht bitter. Sinnt sie auf Rache? Wie geht es weiter? Da! Ihre rechte Hand greift ans Lehrerpult. Was wird sie dort rausholen? Etwa eine furchtbare Waffe? Nein, die Kinder sinken vor Dankbarkeit röchelnd auf ihre Sitzflächen zurück.
Frau ____________ hat nur die Klassenarbeitshefte aus der Schublade geholt.

Da schommt sie kon, die lebiebte Lassenklehrerin. Mit schredernden ...

Name:

Sprache erforschen | Texte verfassen | **Texte untersuchen** | musizieren | Hexperimente | knobeln | spielen | malen, basteln

Auf Fehlersuche

Man muss schon genau lesen, um die acht Fehler zu finden, die sich hier eingeschlichen haben. Streiche durch, was falsch ist, und schreibe die richtigen Wörter darüber. Kontrolliere mit deiner Lektüre.

Es war Winter geworden. Um das Hexenhaus ~~weinte~~ heulte der Schneesturm und rüttelte an den Fensterläden. Der kleinen Hexe machte das wendig aus. Sie saß nun tagaus, tagein auf der Bank vor dem Kachelofen und wärmte sich den Rücken. Ihre Füße streckten in dicken Filzpantoffeln. Von Zeit zu Zeit klatschte sie in die Hände – und jedes Mal, wenn sie latschte, sprang eines der Holzscheite, die in der Kiste neben dem Ofen lagen, von selbst in das Feuer doch. Wenn sie aber gerade einmal Appetit auf Ratäpfel hatte, so rauchte sie nur mit den Fingern zu schnalzen. Da kamen sofort ein paar Äpfel aus der Vorrattenkammer gerollt und hüpften ins Bratohr.

Hier ist alles kleingeschrieben, auch die Nomen und die Satzanfänge. Korrigiere das.

dem raben abraxas gefiel das. er versicherte immer wieder aufs neue: „so lässt sich der winter ganz gut aushalten!"

aber die kleine hexe verlor mit der zeit allen spaß an dem faulen leben. eines tages erklärte sie missmutig: „soll ich vielleicht den ganzen winter lang auf der ofenbank sitzen und mir den rücken wärmen? ich brauche mal wieder bewegung und frische luft um die nase. komm, lass uns ausreiten!"

„was!", rief abraxas entsetzt. „wofür hältst du mich eigentlich? bin ich ein eisvogel? nein, diese lausekälte ist nichts für mich! besten dank für die einladung! bleiben wir lieber daheim in der warmen stube!"

Name:

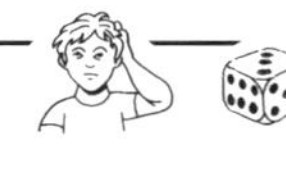
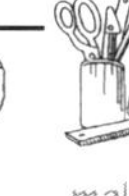

Sprache erforschen | Texte verfassen | **Texte untersuchen** | musizieren | Hexperimente | knobeln | spielen | malen, basteln

Andere Zeiten

Dieser Textauszug aus dem Kapitel „Der Maronimann“ ist im Präsens (in der Gegenwartsform) geschrieben. Setze ihn wieder ins Präteritum (in die Vergangenheitsform). Kontrolliere mit deiner Lektüre.

Die kleine Hexe zieht sieben Röcke an, immer einen über den anderen. Dann bindet sie das große wollene Kopftuch um, fährt in die Winterstiefel und streift sich zwei Paar Fäustlinge über. So ausgerüstet, schwingt sie sich auf den Besen und flitzt zum Schornstein hinaus.
Bitterkalt ist es draußen! Die Bäume tragen dicke, weiße Mäntel. Moos und Steine sind unter dem Schnee verschwunden. Hie und da führen Schlittenspuren und Fußstapfen durch den Wald.

Die kleine Hexe lenkt den Besen zum nächsten Dorf. Die Höfe sind tief eingeschneit. Der Kirchturm trägt eine Pudelmütze von Schnee. Aus allen Schornsteinen steigt der Rauch auf. Die kleine Hexe hört im Vorüberreiten, wie die Bauern und ihre Knechte in den Scheunen das Korn dreschen: rum-pum-pum, rum-pum-pum.
Auf den Hügeln hinter dem Dorf wimmelt es von Kindern, die Schlitten fahren. Auch Skifahrer sind darunter. Die kleine Hexe sieht ihnen zu, wie sie um die Wette bergab sausen. Kurze Zeit später kommt auf der Straße ein Schneepflug gefahren. Dem folgt sie eine Weile nach; dann schließt sie sich einem Schwarm Krähen an, der zur Stadt fliegt. (...)
Den Besen braucht sie diesmal nicht zu verstecken, sie schultert ihn. Nun sieht sie aus wie ein ganz gewöhnliches altes Mütterchen, das zum Schneeräumen geht. Niemand, der ihr begegnet, denkt sich etwas dabei. Die Leute haben es alle eilig und stapfen mit eingezogenen Köpfen an ihr vorüber.

Name:

Besser als sieben Röcke

Diese Silben ergeben elf Nomen, die alle im 13. Kapitel vorkommen. Finde sie und schreibe sie mit ihren Artikeln auf.

fen	~~Fäust~~	ter	tof	ter	~~ge~~	O	feln	fel	bank	Schu	Filz	Strümp
te	fe	pan	he	Ge	de	tee	tel	Hun	Kopf	Kräu	tuch	schich
te	~~lin~~	Mit	Win	käl	stie							

die Fäustlinge, ______________________________

____

____

____

In diesem Kasten sind senkrecht und waagerecht 14 Verbformen aus dem Kapitel versteckt. Kreise sie ein und schreibe sie heraus. Schreibe auch die Grundform dazu.

r	a	u	t	e	r	z	u	s	t	a
e	e	n	t	w	o	l	l	t	e	l
t	r	i	e	f	o	r	g	e	s	ä
g	u	c	k	r	ä	c	h	z	t	e
e	r	k	b	a	t	e	r	s	a	l
r	u	t	a	g	w	l	v	e	k	e
m	i	e	u	t	a	t	e	g	o	t
u	u	n	t	e	r	b	r	a	c	h
s	e	n	z	u	f	i	s	c	h	o
i	z	e	r	s	ü	ß	t	e	t	s
a	p	h	ö	r	t	e	a	n	e	t
e	r	z	b	e	g	a	n	n	u	e
m	a	m	o	d	e	u	d	e	l	n

bat – bitten, ______________________________

____

____

____

____

____

____

____

____

____

Name:

Knobelei mit Satzgliedern

Füge die Satzglieder zu vier Sätzen zusammen, die du im Kapitel „Schneemann, Schneemann, braver Mann!“ finden kannst. Denke daran, am Satzanfang großzuschreiben.

den Kindern	zappelten	den Besen		
stolz	sie	zeigte	hielt	verzweifelt
er	mit den Füßen	in der rechten Hand		
mit Armen und Beinen	den Suppentopf			
traten	sie	einen Reisigbesen	sie	

Schreibe nun zwei der Sätze noch einmal auf und stelle die Satzglieder dabei um.

Name: ____________________

Sprache erforschen | **Texte verfassen** | Texte untersuchen | musizieren | Hexperimente | knobeln | spielen | malen, basteln

Der schwerhörige Zuhörer

Schreibe die fehlenden Fragen und Antworten in die Lücken.

Vorleser: Der Himmel erstrahlte in klarem Blau.
Zuhörer: Wer erstrahlte in klarem Blau?
Vorleser: Der Himmel!

Vorleser: Die kleine Hexe saß mit dem Raben Abraxas am Waldrand …
Zuhörer: Wie bitte? Mit wem saß die kleine Hexe am Waldrand?
Vorleser: Mensch, mit ______________________________!

V.: Auf einmal vernahmen sie Kinderstimmen und fröhlichen Lärm …
Z.: Hä? Wen oder was vernahmen sie?
V.: ______________________________!

V.: Die kleine Hexe schickte den Raben Abraxas aus, dass er …
Z.: Moment mal. Wen oder was ______________________________?
V.: ______________________________!

V.: Als er nach einer Weile zurückkehrte, …
Z.: Als wer ______________________________?
V.: Ist doch klar! ______________________________!

V.: Der Schneemann trug im Gesicht eine lange Mohrrübennase …
Z.: Stopp! Wen oder was ______________________________?
V.: ______________________________!

V.: Die Kinder bemerkten die kleine Hexe nicht …
Z.: Wen ______________________________?
V.: ______________________________! Und wer bemerkte die kleine Hexe nicht?
Z.: Du Spaßvogel! ______________________________!

Sucht euch aus dem Kapitel weitere Sätze und entwickelt aus dem Vorlesen und Nachfragen eine kleine Spielszene.

Name:

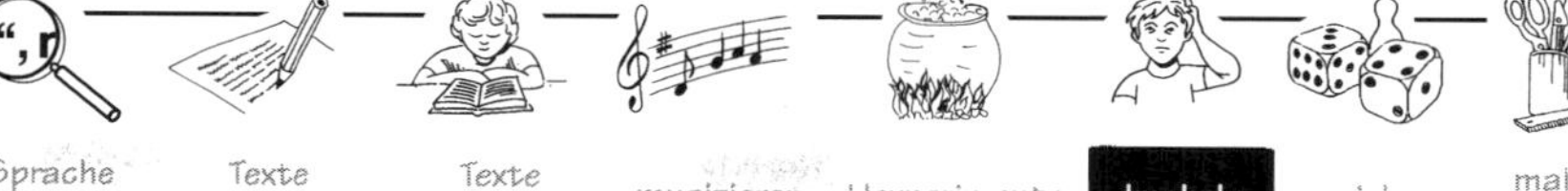

Ab nach Hause!

Nach der Karnevalsfeier hat die kleine Hexe noch eine Überraschung für die Kinder. Jedes bekommt eine spezielle Behausung gehext. Es gibt allerdings eine Bedingung: Die Wege dorthin dürfen sich nicht kreuzen.
Die Kinder rufen enttäuscht: „Das ist doch unmöglich!“
Aber die kleine Hexe kichert und meint: „Strengt eure klugen Köpfchen mal ein bisschen an …“

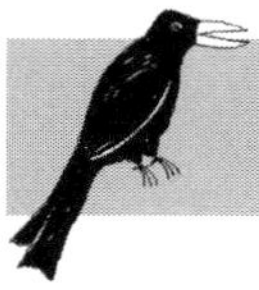

Kannst du einzeichnen, wie die Kinder gehen können?

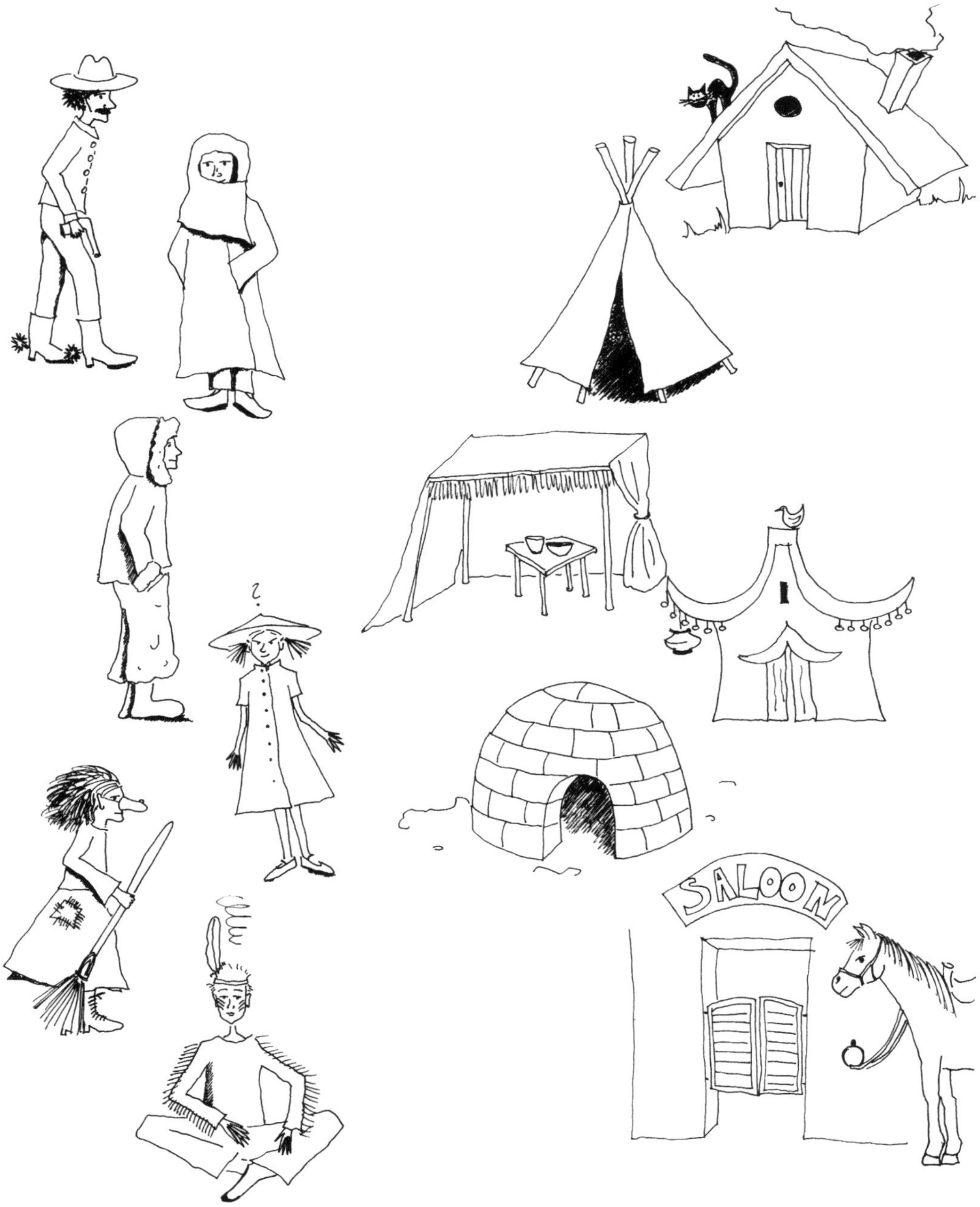

Name:

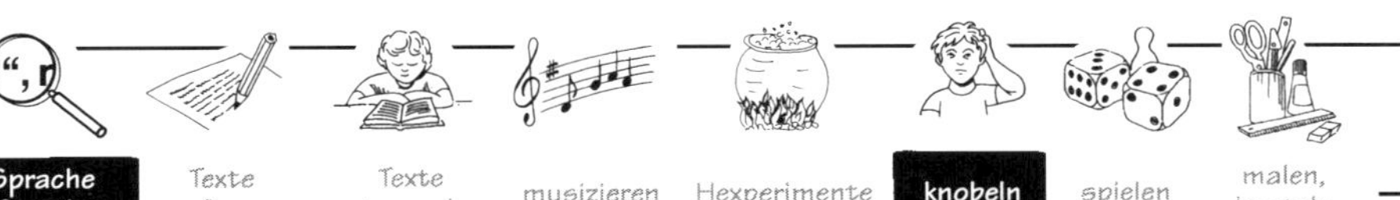

Strickohr und Hasenstrumpf

Bei dieser Fastnachtshexerei ist eine ganze Menge durcheinandergeraten. Oder weißt du, was ein Bratschnabel ist?

Wenn du das Kapitel „Fastnacht im Walde“ gut kennst, kannst du die Wörter wieder richtig zusammensetzen. Schreibe sie unten auf.

Bratschnabel

Haselzähne

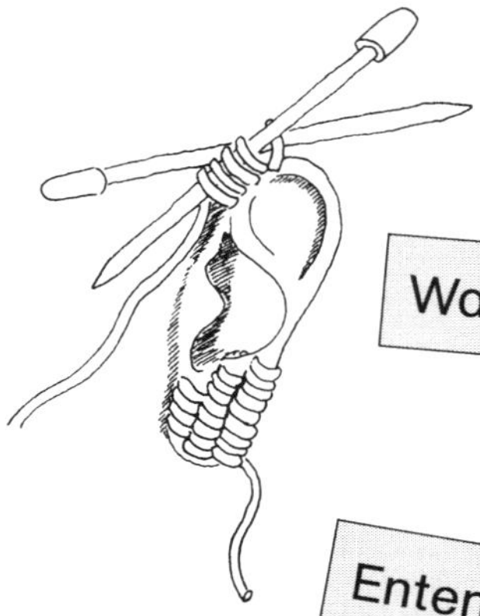

Pferdegeweihe

Hirschflügel

Waldwürste

Eichhörnchenhaus

Backmäuse

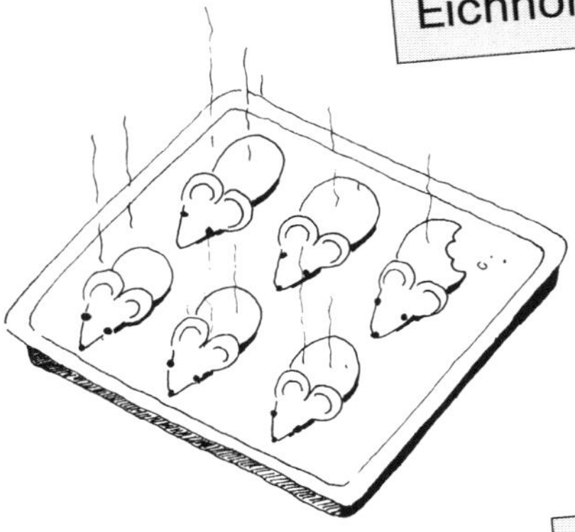

Entennüsse

Rabenofen

Kohlaugen

Hasenstrumpf

Hexenäpfel

Eulenkörner

Knackkopf

Strickohren

Haferschwanz

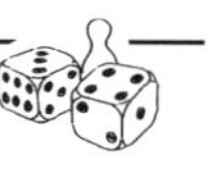

Name:

Der Schindelmacher erzählt

Setze in die Lücken passende Nomen ein. Du kannst sie jeweils von dem Wort in der Klammer ableiten. Sie haben die Endungen -heit, -keit, -nis oder -ung(en). Denke daran: Nomen werden großgeschrieben.

Wie ihr wisst, bin ich bis vor Kurzem noch mit schöner (regelmäßig) ____________ ____________ Kegeln gegangen. Für meine Frau war meine Vorliebe für Wirtshausbesuche ein großes (ärgern) ____________. Meine (gewöhnen) ____________ habe ich längst aufgegeben. Und das kam so:

Eines Tages kegelte ich beim Kronenwirt. Ich machte den ersten Wurf und setzte die Kugel auf die Bahn wie sonst auch. Du kannst dir meine (überraschen) ____________ vorstellen, als die Kugel die hintere Bretterwand zerstörte! Meine Kegelbrüder machten natürlich dumme (bemerken) ____________.
Der zweite Wurf wurde noch schlimmer. Die anfängliche (heiter) ____________ meiner Kegelbrüder schlug in (verärgern) ____________ um. Es war wie verhext!
Der dritte Wurf brachte noch einmal eine (steigern) ____________ und zerstörte die Kegelbahn völlig.
Seltsamerweise wiederholte sich dieses (ereignen) ____________ auch auf den umliegenden Kegelbahnen. Schließlich konnte ich mich nirgendwo mehr blicken lassen, ohne große (bestürzen) ____________ hervorzurufen.
Immer wenn ich auftauchte, hieß es: „(achten) ____________, da kommt der Schindelmacher!"
Von da an blieb ich zu Hause. Meine Frau hat mir später von der (begegnen) ____________ mit einem alten Kräuterweib erzählt.
Die (wahr) ____________ wird wohl immer ein (geheim) ____________ bleiben. Auf jeden Fall hat es meiner (gesund) ____________ gutgetan, dass ich nicht mehr so viel Bier trinke.

Hexen-Solitaire

Das Kapitel mit dem kegelfreudigen Schindelmacher könnte noch weitergehen, zum Beispiel so:

Von Zeit zu Zeit jedoch vermisste der Schindelmacher sein geliebtes Kegelspiel sehr. Dann wanderte er durch die Straßen und schaute sehnsüchtig in die Wirtshäuser, zu denen er keinen Zugang mehr hatte. Eines Tages trieb es ihn hinaus aus der Stadt. An einer Wegkreuzung erblickte er ein seltsames Zeichen auf dem Boden, das kaum noch zu erkennen war. Wie er es so betrachtete, kam die kleine Hexe vorbei und sprach ihn an. Der Schindelmacher erzählte ihr von seinem Kummer. „Ich glaube, ich kann dir helfen", versprach die kleine Hexe. „Du musst dich in das Geheimnis eines Spiels einweihen lassen, dann wirst du deine Langeweile bald vergessen."

Dem Schindelmacher kam das alte Weib zwar seltsam vor, aber er willigte ein. Die kleine Hexe nahm einen Stock, ritzte erneut das magische Muster in den Boden und sprach dazu ein paar erklärende Verse. Als sie geendet hatte, wünschte sie dem Schindelmacher Glück und flog davon. Der Schindelmacher erstarrte, da er nun wusste, dass er mit einer echten Hexe gesprochen hatte. Doch der Schreck war schnell vorbei und so begann er, sich an die Worte der kleinen Hexe zu erinnern:

Zieh neun Quadrate in Dreierreih'n,
in jedes leg einen Stein hinein.
Schließlich außen herum, so will ich dir raten,
füg an einen Ring aus 16 Quadraten.

Dann sollst du die Steine eliminieren.
Du führst sie nämlich im Hüpfsprung spazieren:
Nach links oder rechts, nach unten und oben,
auch diagonal – doch nichts wird verschoben.
Und wer übersprungen, wird rausgenommen.
Bleibt einer nur übrig, so hast du gewonnen.

Der letzte Stein aber, soll's meisterlich sein,
muss wieder genau in die Mitte hinein.
Du fluchst vor Vergnügen: Verflixt, ist das schwer!
Das ist das Hexen-Solitaire.

Findest du heraus, wie das Hexen-Solitaire geht? Male das Spielfeld auf ein Blatt Papier und spiele mit Spielfiguren oder Münzen.

Name:

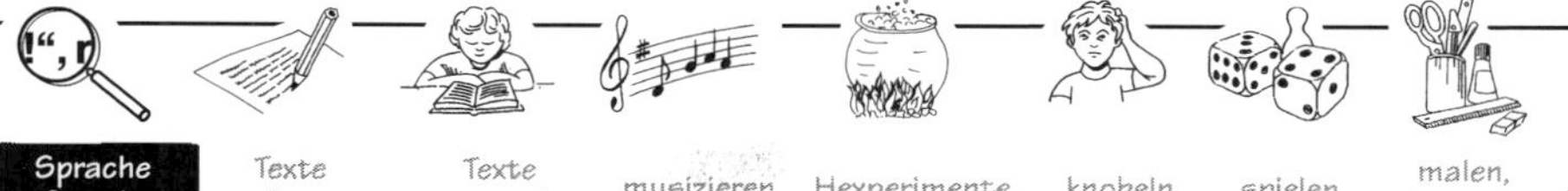

Aus zwei mach einen

Verbinde immer zwei Sätze zu einem. Benutze dafür das Bindewort in der Klammer. Beachte: Vor das Bindewort kommt ein Komma.

Der Rabe Abraxas ist Junggeselle geblieben. Er muss sich nicht mit der Brutpflege rumärgern. **(damit)**

Der Rabe Abraxas ist Junggeselle geblieben,

damit er sich ______________________________

______________________________.

Er besucht seinen Bruder zwischen Ostern und Pfingsten. Dann sind die Eier noch nicht ausgebrütet. **(weil)**

____

____

Diesmal kehrt er beunruhigt vom Besuch zurück. Nesträuber bedrohen das Nest seines Bruders. **(weil)**

____

____

Schneider-Fritz und Schuster-Sepp bleiben auf dem Baum. Die kleine Hexe droht ihnen. **(obwohl)**

____

____

Die kleine Hexe hext sie fest. Sie können keinen Schaden anrichten. **(damit)**

____

____

Name:

Abraxas-Puzzle

Abraxas hat über seine alten Knochen gejammmert. Da hat die kleine Hexe ihn kurzerhand jünger gehext. Leider etwas zu jung: Er ist wieder als Embryo im Ei …

Schneide die Puzzleteile sorgfältig aus und versuche Abraxas wieder in seine Vogelform zu bringen, ohne dass sich die Teile überschneiden. Du findest vier Vorschläge auf diesem Blatt. Das schönste Puzzle kannst du aufkleben.

Name:

Vor dem Hexenrat

Die Muhme Rumpumpel hat alles genau notiert. Lies ihren Bericht sorgfältig. Was lässt ihn so unbeholfen klingen?

Zuerst hilft die kleine Hexe den Holzweibern. Die kleine Hexe hext den Holzweibern immer genug Wind, damit die Holzweiber auch Holz finden.
Den neuen Förster, der so schön gemein war, verhext die kleine Hexe ebenfalls. Die kleine Hexe verhext dem neuen Förster nämlich die Sprache, sodass der neue Förster auf einmal ganz freundlich spricht.
Wenig später hilft die kleine Hexe auf dem Markt dem Blumenmädchen. Und wie die kleine Hexe dem Blumenmädchen hilft! Nicht zu fassen! Die Papierblumen, die das Blumenmädchen verkauft, will keiner haben, bis die kleine Hexe den Papierblumen echten Blütenduft anhext und auch noch für unbegrenzten Nachschub sorgt.
Dem Bierkutscher, der so herrlich seine Pferde quält, verhext die kleine Hexe die Peitsche. Immer wenn der Bierkutscher seine Pferde schlagen will, kommt die Peitsche zu dem Bierkutscher zurück und schlägt den Bierkutscher selbst. Dann droht die kleine Hexe dem Bierkutscher auch noch, sodass der Bierkutscher beschließt, die Pferde in Zukunft nicht mehr zu schlagen.
Zwei Gören, die sich verlaufen haben, lädt die kleine Hexe zum Kuchenessen ein. Die kleine Hexe zeigt den zwei Gören etliche Zauberkunststücke, über die die zwei Gören sich freuen. Und das an einem Freitag!

Du hast bestimmt gemerkt: In Rumpumpels Bericht wiederholen sich viele Nomen. Überlege, an welchen Stellen besser Pronomen (persönliche Fürwörter) stehen sollten, und verbessere den Text.

Sie ihnen

Schreibe so: ~~Die kleine Hexe~~ hext ~~den Holzweibern~~ immer genug Wind, damit ...

Grünes Gruseln

Dieses Getränk sieht zum Fürchten aus – wirklich! Appetitlich finden die Farbe deswegen auch nur echte Hexen und Hexenmeister. Wer noch in der Ausbildung ist, muss *Grünes Gruseln* zur Not mit verbundenen Augen trinken. Denn dieser Cocktail schmeckt verflixt gut und ist auf jedem Hexenfest ein Renner. Außerdem ist er so gesund, dass du bei regelmäßigem Genuss bestimmt auch 127 Jahre alt werden kannst …

Zutaten:

- 1/4 Liter kalte Milch
- 1–2 Esslöffel Zucker
- 1 Esslöffel Zitronensaft
- 1 Kiwi
- 1 Banane
- einige Tropfen grüne Lebensmittelfarbe

So geht es:

- Am leichtesten ist die Zubereitung leider mit diesen neumodischen Mixern. Da kommen die Zutaten einfach komplett hinein. Das heißt: Die Banane und die Kiwi musst du natürlich vorher schälen.

- Hast du nur einen elektrischen Rührstab, dann musst du das Obst zuvor in kleine Stücke schneiden.

- Im wahrsten Sinne des Wortes noch „cooler“ schmeckt *Grünes Gruseln*, wenn du noch 1 bis 2 klein gehackte Eiswürfel in den Mixer gibst.

Deko: Den Glasrand vor dem Einfüllen des Getränks befeuchten und in Zucker tauchen. Befestige an dem Glas noch eine eingeschnittene Zitronenscheibe und dann – grusele dich gesund!

Name:

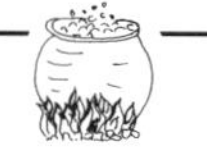

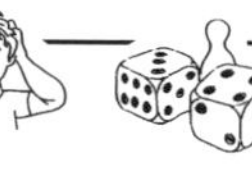

Sprache erforschen | **Texte verfassen** | **Texte untersuchen** | musizieren | Hexperimente | knobeln | spielen | malen, basteln

Ein Erzähltrick vom Profi

Im letzten Kapitel benutzt Otfried Preußler einen schönen Erzähltrick. Der Text auf diesem Blatt verzichtet auf diesen Trick und erzählt die Geschichte ab Seite 138 anders.

Achte auf die Veränderung und überlege, was sie bewirkt.

(...) Abraxas verstummte. Die kleine Hexe vertiefte sich bis zum Abend in das Hexenbuch. Dann rief sie: „Ich hab's! Ich werde die großen Hexen überlisten."
„Und wie willst du das tun?", fragte Abraxas neugierig.
Stolz antwortete die kleine Hexe: „Eigentlich ganz einfach: Wir fliegen heute ganz gemütlich auf den Blocksberg. Dann werde ich die Hexenbesen der großen Hexen auf den Versammlungsplatz zaubern. Anschließend hexe ich mir noch ihre Hexenbücher her, um sie zusammen mit den Besen zu verbrennen."
„Was aber", rief Abraxas, „wenn die Hexen sich mit einem Zauberspruch wehren?"
Die kleine Hexe erwiderte unbesorgt: „Ehe sie merken, was mit ihnen geschieht, habe ich noch einen dritten Zauberspruch auf Lager, der ihnen das Hexen abhext. Dann sind sie machtlos."
„Du bist genial!", krächzte Abraxas begeistert.
So flogen sie voller Vorfreude zum Blocksberg. Dort war von den anderen Hexen noch nichts zu sehen. Sie mussten Mitternacht abwarten, ehe sie auf die Besen steigen und herreiten durften. So schrieb es der Hexenbrauch für die Walpurgisnacht vor. (...)

Merkst du, was Otfried Preußler mit seinem Erzähltrick besser gemacht hat? Versuche diesen Trick als „Schreibtipp für Profis" hier zu notieren:

___

___

___

___

Wie könnte die Geschichte jetzt weitergehen, damit es doch noch einmal spannend wird?

Hexperiment: Gruselige Erbsen

Ping, ping … Wo kommen auf einmal diese seltsamen Geräusche her? Nichts für schwache Nerven ist dieses Hexperiment. Vorausgesetzt natürlich man ist ahnungslos. Dann kannst du sogar deinen Eltern eine fantastische Gänsehaut verschaffen.

Du brauchst:

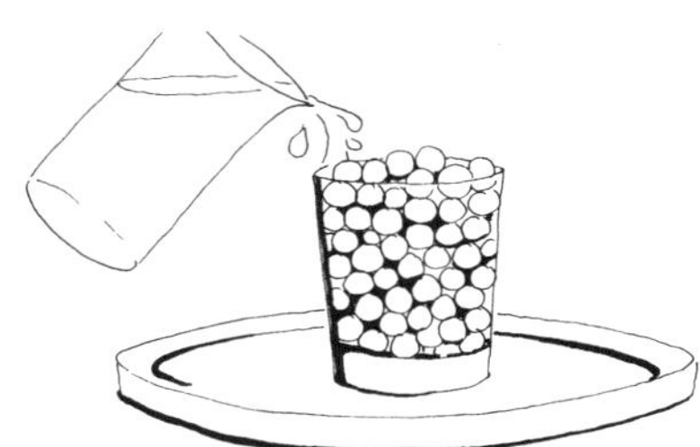

- ein Glas oder eine Tasse
- einen Teller
- getrocknete Erbsen
- Wasser

So geht es:

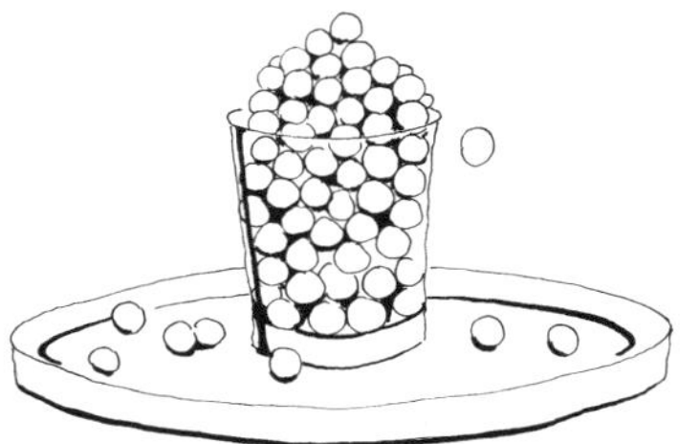

- Glas auf den Teller stellen
- Glas mit Erbsen bis über den Rand füllen
- Wasser in das Glas gießen
- ca. 20 Minuten warten

Die Erbsen quellen im Wasser auf das zwei- bis dreifache ihrer Größe auf. Eventuell musst du Wasser nachgießen. Beim Quellen schieben sie sich so weit nach oben, dass einige Erbsen runterpurzeln und auf den Teller fallen.

Das Ganze muss natürlich unauffällig vorbereitet werden und für dein „Opfer“ gut versteckt bleiben.

Eigentlich klappt es mit allen trockenen Hülsenfrüchten (Kichererbsen, Linsen, Bohnen). Am besten nimmst du das, was du gerne isst, und kochst hinterher noch etwas Leckeres daraus.

So kannst du weiterhexperimentieren:

- Erbsen auf unterschiedliche Gegenstände fallen lassen (Blechdeckel, Klangstäbe usw.)
- Glas hoch stellen, damit die Fallhöhe größer wird
- auf den Erbsenhügel einige Murmeln, Geldstücke oder Kronkorken legen
- den Fallstücken Gelegenheit zum Purzeln und Kullern geben

Name:

Hexperiment: Schwebender Schrott

Für das Auge des Betrachters schweben Büroklammern, Sicherheitsnadeln und Schrauben scheinbar schwerelos in der Luft. Von magischen Kräften gehalten? Leider nicht. Aber sind magnetische Kräfte nicht auch irgendwie magisch?

Das brauchst du:

- kleine Gegenstände aus Metall
- einen dünnen Faden
- Alleskleber
- Schaschlikspieße oder Rundstäbe (3 mm dick, aus dem Baumarkt)
- mindestens einen kleinen Magneten
- einen kleinen Pappkarton

Wie es geht, entnimmst du am besten dieser Skizze:

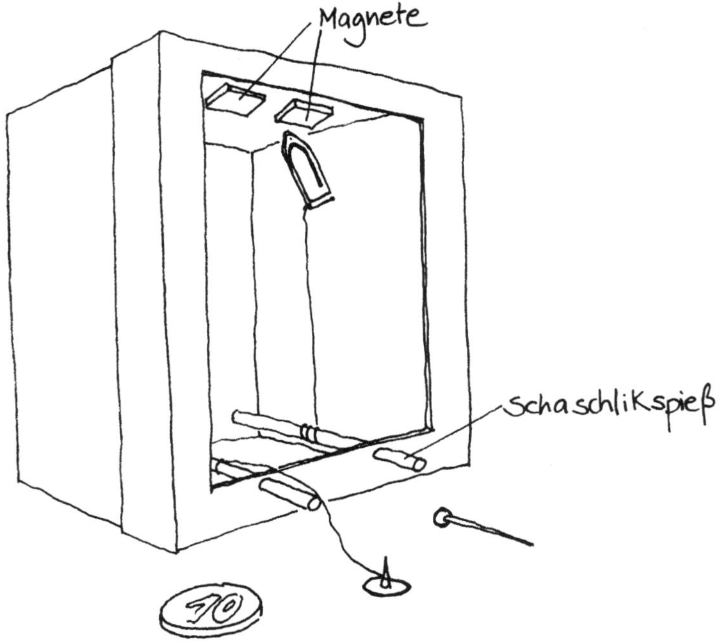

Hier noch ein paar Tipps:

- Den Schaschlikspieß stichst du direkt durch die Kartonwand, damit er schön stramm sitzt.
- Den Faden wähle lieber zu lang als zu kurz. Durch Drehen kannst du den Abstand des Gegenstands zum Magneten dann so einstellen, wie du ihn brauchst.
- Als Magnet eignet sich zum Beispiel ein Türmagnet von einem alten Schrank. Seine Magnetkraft wirkt noch besser, wenn du an ihn ein größeres Metallstück heftest.
- Für jeden Metallgegenstand brauchst du einen eigenen Schaschlikspieß.
- Wenn du den Deckel deines Kartons noch hast, kannst du einen Rahmen hineinschneiden. Dann sieht der Betrachter nur das, was er sehen soll.
- Klar, dass die Wirkung deiner Metallskulpturen noch besser ist, wenn du deinen Karton schön anmalst.

Name:

Sprache erforschen | Texte verfassen | Texte untersuchen | musizieren | **Hexperimente** | knobeln | spielen | **malen, basteln**

Kleine Hexe, flieg!

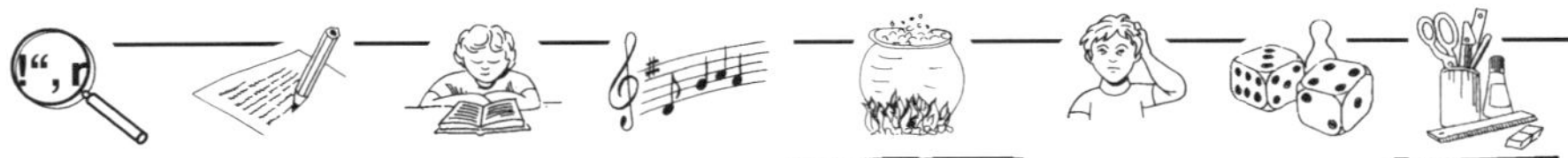

Wenn du am „schwebenden Schrott“ Spaß hattest, kannst du jetzt deinen Karton zu einem Hexentheater erweitern.

HEXENTHEATER

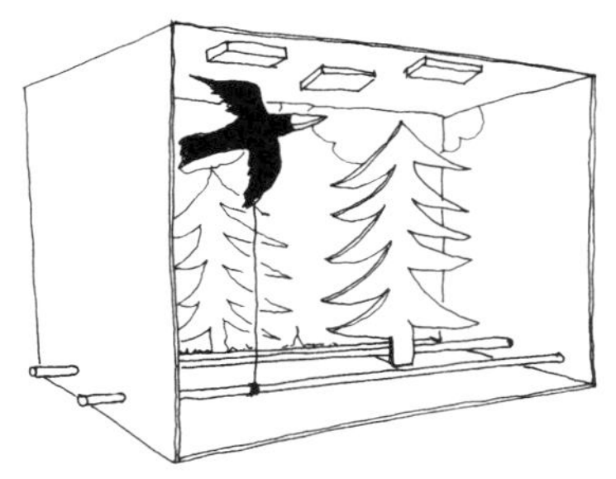

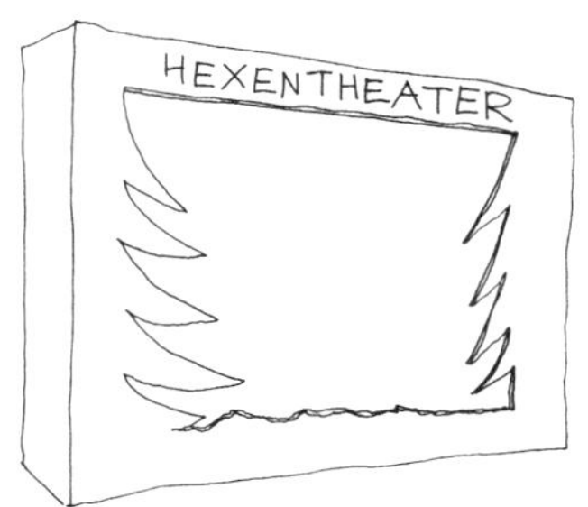

So geht es:

- Gestalte dafür die Innenseite des Kartons durch Bemalen, Basteln und Bekleben. Es kann dort Bäume geben, ein Hexenhaus, Wolken usw.

- Male eine Hexe auf Papier, schneide sie aus und klebe sie am Kopf mit einem Klebestreifen an einer Büroklammer fest.
  Du kannst auch die Vorlagen auf diesem Arbeitsblatt benutzen. Sie sind doppelt angelegt, damit du sie gegeneinanderkleben kannst. Die Papierfiguren drehen sich nämlich beim Flug durch das Magnetfeld.

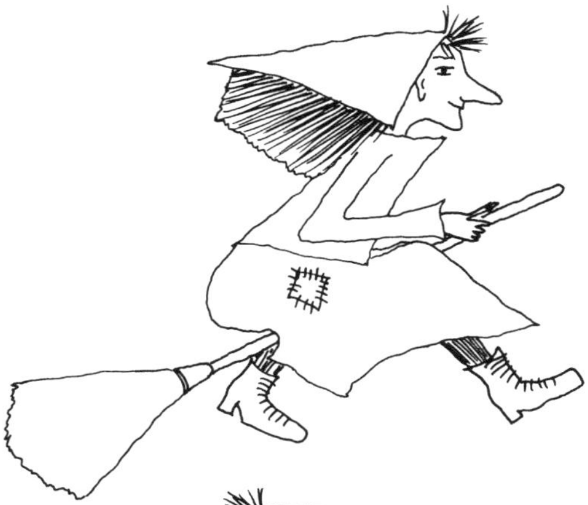

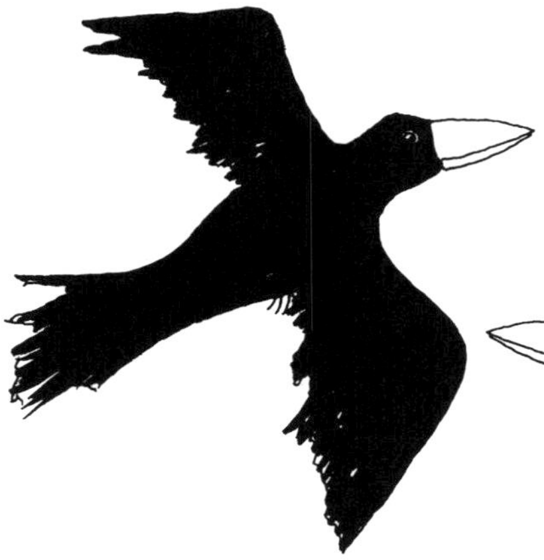

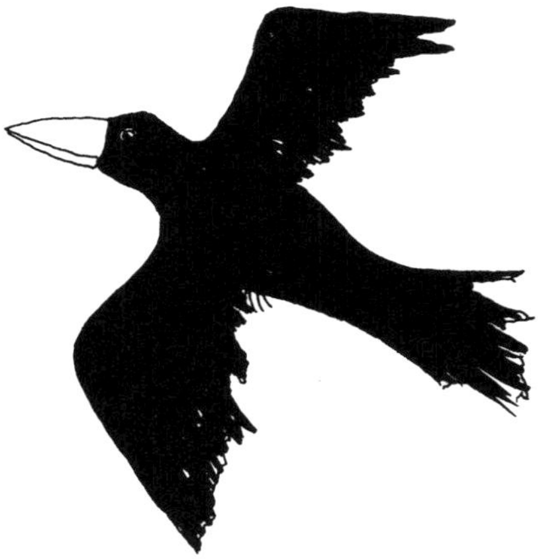

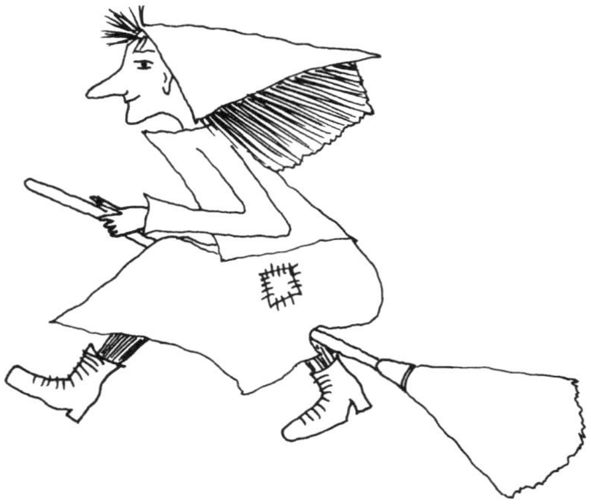

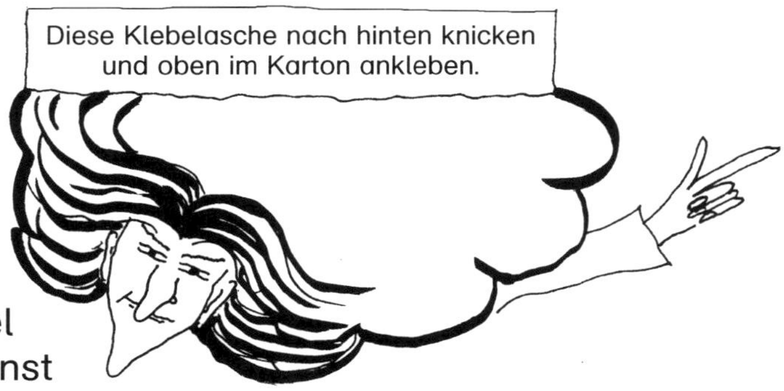

Diese Klebelasche nach hinten knicken
und oben im Karton ankleben.

- Wenn auch die Wetterhexe Rumpumpel in deinem Theater auftauchen soll, kannst du die Vorlage rechts verwenden.

Name:

Eine besondere Geburtstagskarte

Die kleine Hexe hat zu ihrem 126. Geburtstag von Abraxas eine Glückwunschkarte mit einem magischen Quadrat bekommen. Beim Aufräumen stellt sie fest, dass nicht mehr alle Zahlen lesbar sind.

Kannst du der kleinen Hexe helfen? Schreibe die fehlenden Zahlen in das magische Quadrat.

Auf der Rückseite der Karte sieht das magische Quadrat so aus:

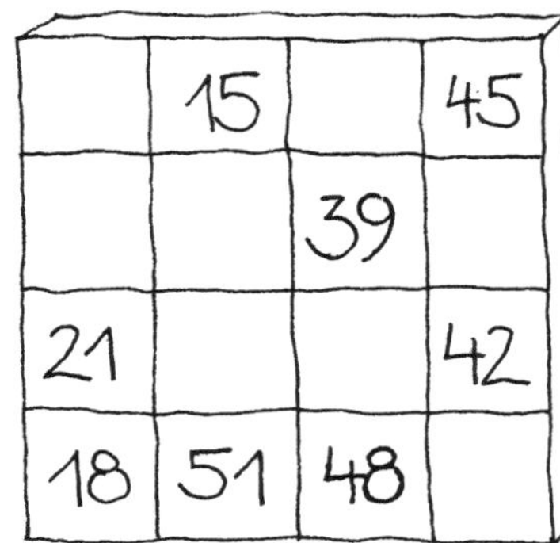

	15		45
		39	
21			42
18	51	48	

Kannst du die fehlenden Zahlen auch hier ergänzen?

Außer den Reihen, Spalten und Diagonalen gibt es in dem größeren magischen Quadrat noch mehr Vierlinge mit der Summe 126. Viel mehr!

Wie viele könnt ihr finden?

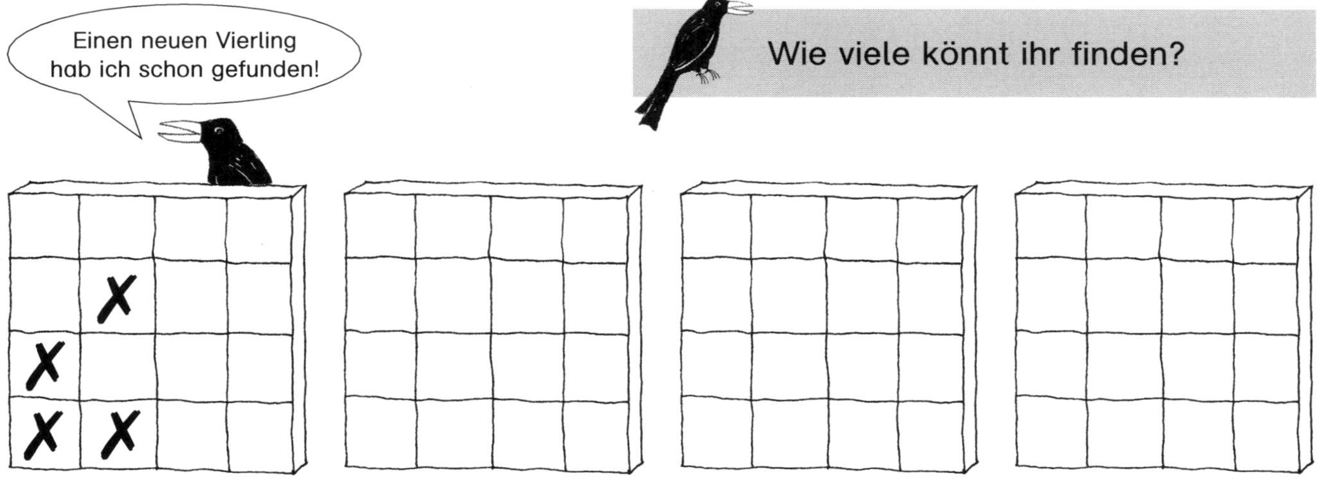

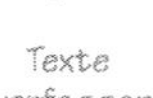

Wörter verhexen

Ist das nicht magisch? Du brauchst nur den Buchstaben oder den Laut aus dem markierten Feld auszutauschen – und schon hast du ein neues Wort!

Trage die gesuchten Wörter ins Spinnennetz ein.

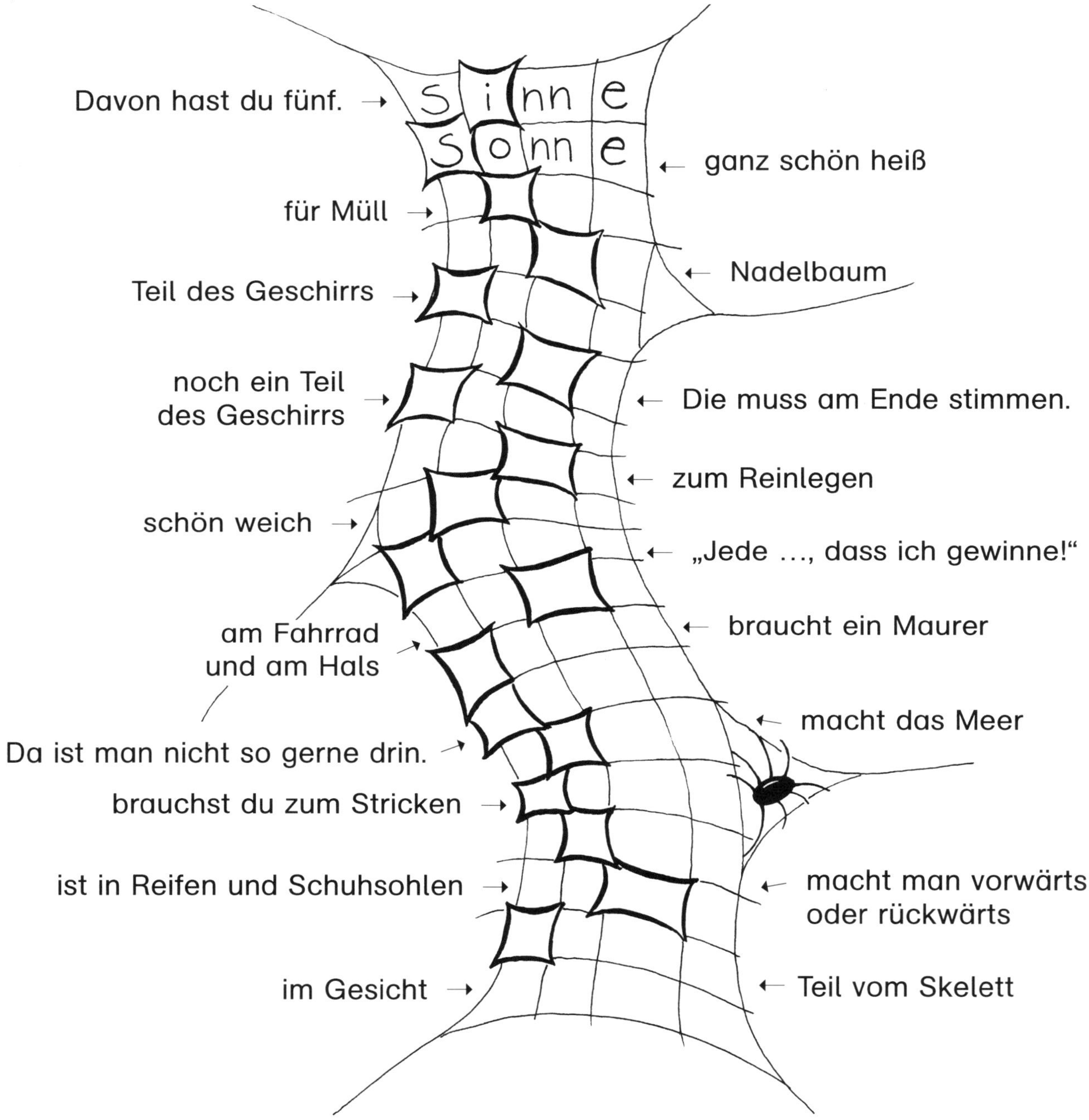

Davon hast du fünf. → S i nn e

S o nn e ← ganz schön heiß

für Müll →

← Nadelbaum

Teil des Geschirrs →

noch ein Teil des Geschirrs →

← Die muss am Ende stimmen.

← zum Reinlegen

schön weich →

← „Jede …, dass ich gewinne!"

← braucht ein Maurer

am Fahrrad und am Hals →

← macht das Meer

Da ist man nicht so gerne drin. →

brauchst du zum Stricken →

ist in Reifen und Schuhsohlen →

← macht man vorwärts oder rückwärts

im Gesicht →

← Teil vom Skelett

Bestimmt kannst du die Liste nach dem letzten Wort noch fortsetzen.

Name:

Nichts für Anfänger

In diesem Geschichtenanfang stecken viele Anfänge. Er ist nichts für Anfänger!

Lies den Text gründlich. Streiche dann die unterstrichenen Wörter durch, die nicht in deinem Geschichtenanfang vorkommen sollen. Achte darauf, dass alle Sätze zusammenpassen.

Eines Morgens wachte die kleine Hexe auf und fühlte sich ausgesprochen gut gelaunt / schlecht gelaunt / krank. Gähnend / Unentschlossen / Energisch öffnete sie die Fensterläden und blickte nach draußen. Der Himmel strahlte in schönstem Blau / war mit schwarzen Wolken verhangen / war federleicht bewölkt. „Ein Hexen-Erlebnis-Tag!", / „Ein Sei-auf-der-Hut-kleine-Hexe-Tag!", / „Ein Hör-heute-mal-nicht-auf-Abraxas-Tag!", rief / seufzte / behauptete die kleine Hexe übermütig / nachdenklich / entschieden.
Der Rabe Abraxas flatterte auf den Küchentisch / über ihrem Kopf / von der Deckenlampe und krächzte: „Übermut tut selten gut!" / „Mir juckt es auch in den Federspitzen!" / „Da bin ich ganz deiner Meinung!" Keiner der beiden ahnte zu diesem Zeitpunkt, welches Abenteuer ihnen heute bevorstand / welche Überraschungen sie heute erwarteten / welche Gefahr ihnen heute drohte.
Für die Morgenzeitung nahm sich die kleine Hexe mehr Zeit als gewöhnlich. Als sie die Zeitung gerade zur Seite legen wollte, fiel ihr Blick auf ein Foto / eine Überschrift / einen Artikel. Die kleine Hexe stutzte. Ihr Mund verzog sich zu einem Grinsen. / Sie runzelte nachdenklich die Stirn. / Ihre Augen weiteten sich vor Entsetzen. Abraxas wurde neugierig / unruhig / aufmerksam, setzte sich auf ihre Schulter und blickte auf die Zeitungsseite. „Das darf doch nicht wahr sein!", / „Abraxas, es gibt Arbeit!", / „Fast hätte ich es mir denken können!", rief die kleine Hexe lachend / aufgeregt / besorgt / empört. Sie rannte schnurstracks zu ihrem Schrank und begann nach etwas zu suchen / zog ein altes Buch hervor / holte eine verstaubte Kristallkugel heraus.
Abraxas krächzte beleidigt: „Jetzt erklär mir doch mal, worum es eigentlich geht!"

Wen oder was hat die kleine Hexe in der Zeitung wohl entdeckt? Überlege und schreibe die Geschichte dann weiter.

Hexenbuch und rote Rüben

Text: Gerd Engel
Melodie wie bei: Stups, der kleine Osterhase (Rolf Zuckowski)

Hexenbuch und rote Rüben –
kleine Hexen müssen üben,
dass sie gute Hexen werden,
denn sonst hagelt es Beschwerden.
Nicht nur Hokuspokus machen,
sondern richtig schwere Sachen,
gut geplant, mit Fantasie,
böse sind wir dabei nie.

Hex Papa ein Haarwuchsmittel:
Nimm von seinem Bier ein Drittel,
gieß dazu noch Entengrütze
und verrühr's in einer Pfütze.
Lass in ihr sechs Schnecken schleimen,
dann den Mix fünf Wochen keimen,
zurück ins Glas, so ist's perfekt!
Was meinst du, wie das Papa schmeckt!

Refrain:
Hexenbuch und rote Rüben –
kleine Hexen müssen üben,
Hokuspokus Fantasie,
böse sind wir dabei nie.

Hex der Mama eine Creme
gegen ihre Hautprobleme.
Sprüh dazu die halbe Flasche
Pfefferspray aus ihrer Tasche
in das Glas mit Mayonnaise,
erhitz es mit dem Föngebläse.
Wenn's auch etwas spritzen tut,
Hauptsach' Mama findet's gut.

Schließlich deine große Schwester,
hat 'nen Wunsch frei zu Silvester,
wär so gern ein großer Star.
Hokuspokus, geht schon klar!
Schieb sie untern Bräunungstoaster,
hex von ihr 10000 Poster.
Ruckzuck ist sie Pop-Idol:
außen knusprig, innen hohl!

Deiner Lehrerin zur Freude,
schließ sie ein im Schulgebäude.
Kurz vor Mitternacht mit Knallen
soll das Licht komplett ausfallen.
Schlägt die Uhr dann Geisterstunde,
zeig dich ihr mit einem Hunde,
hübsch verhüllt von weißem Tuch,
sie kriegt doch so gern Besuch.

Dann dem Hausmeister Herrn Krause
schenk ein Würstchen für die Pause.
Hex es ihm noch vor der Schule
mit viel Ketchup auf den Stuhle.
Kannst du es vielleicht so hexen:
Krause soll sich erst mal setzen?
Wenn er das Dankeschön vergisst,
dann, weil er so begeistert ist.

Unser lieber Bürgermeister,
Herr Dr. Kurt Tapetenkleister,
liest in der Zeitung sehr erschrocken:
„Tapetenkleister endlich trocken!"
Keiner will ihn wieder wählen,
weil nur schöne Namen zählen.
Verhex den Namen, mach ihn froh:
Herrn Dr. Kurt von Damenklo!

Name:

Die kleine Hexe: Ein „Kind“ der 50er-Jahre

Hexen? Die gibt's doch nur im Märchen! Das stimmte lange Zeit. Doch vor über 60 Jahren änderte sich das: Die ersten zwei Kinder von Otfried Preußler, Renate (6) und Regine (4), beschweren sich, dass sie nicht einschlafen können. Sie hätten Angst vor der bösen Hexe. Der Vater versichert, es gäbe gar keine bösen Hexen mehr. Aber kann er das auch beweisen? Preußler erfindet die Abenteuer der kleinen Hexe. Aus der Einschlafgeschichte entsteht sein zweites Buch, das bald einen Siegeszug um die ganze Welt antritt und in 47 Sprachen übersetzt wird. 1970 kommt „Die kleine Hexe“ als Zeichentrickfilm in die Kinos, das Hörspiel entführt Millionen von Kindern in ihrer Fantasie auf den Blocksberg, auch als Theaterstück wird die kleine Hexe tausendfach auf die Bühne gebracht.

In den Jahren nach 1957 wird die Hexe als Kinderbuchfigur für viele andere Schriftsteller und Schriftstellerinnen interessant. Hast du auch schon andere Hexenbücher gelesen?

Erschienen 1957 – das bedeutet, dass deine Eltern, vielleicht auch deine Großeltern, schon mit diesem Buch groß geworden sind. Ob sie sich noch daran erinnern? Frage nach.

Lies dir die Zeittafel mit Ereignissen aus den 50er-Jahren durch.

1956	Die ersten 50 „Gastarbeiter“ kommen aus Italien nach Westdeutschland. Es gibt viel Arbeit und zu wenig Arbeitskräfte. Viele Männer im arbeitsfähigen Alter sind im Krieg gestorben.
1957	In Hannover wird die erste elektrische Schreibmaschine vorgestellt. Das westdeutsche Fernsehen zeigt den ersten abendfüllenden Spielfilm. Nur wenige Haushalte haben allerdings einen Fernseher. Die UdSSR schicken erstmals zwei Satelliten ins All. Im zweiten Satelliten befindet sich die Hündin Laika. Man will herausfinden, ob Lebewesen im Weltall überleben können. In der Bundesrepublik Deutschland wird in einem Gesetz festgehalten, dass Männer und Frauen gleichberechtigt sind. Bei der Kindererziehung behält der Mann jedoch Vorrechte.
1958	Die ersten Hula-Hoop-Reifen aus Kunststoff kommen aus Amerika und werden bei Alt und Jung populär (siehe Foto).
1963	In Geschäften kann man eine neue Erfindung kaufen: ein Gerät, mit dem man Geräusche und Musik aufnehmen und abspielen kann – der „Kassettenrekorder“.

Frage deine Großeltern oder andere ältere Menschen, ob sie noch mehr über die damalige Zeit wissen.

Otfried Preußler

Otfried Preußler wurde am 20.10.1923 im nordböhmischen Reichenberg geboren. Der Ort liegt heute in Tschechien und heißt Liberec. Otfried Preußlers Liebe zu Geschichten war kein Zufall. Als Kind erzählte ihm seine Großmutter Dora unzählige Geschichten. Seine Eltern waren Lehrer und sein Vater dazu Heimatforscher, der die Sagen des böhmischen Isergebirges sammelte. Er besuchte Leute, die Geschichten von Zauberern, Hexen und Wassermännern kannten, ließ sie sich erzählen und schrieb sie auf. Der kleine Otfried durfte ihn manchmal begleiten und tauchte dabei tief in die Welt der Sagen und Märchen ein. Mit zwölf Jahren begann er selbst Gedichte und Geschichten zu schreiben und illustrierte sie. Sein Berufswunsch damals: Maler oder Schriftsteller.

Nach der Schulzeit wurde er Soldat und kämpfte im 2. Weltkrieg. 1944 geriet er in sowjetische Gefangenschaft. Die Versorgung der Kriegsgefangenen war schlecht und viele starben. In dieser schweren Zeit, so sagte Otfried Preußler später, habe er gelernt: „Der Mensch braucht Geschichten."

Erst nach fünf Jahren, Preußler war schon 26 Jahre alt, kam er frei und konnte zu seiner Familie zurückkehren. Sie war geflüchtet und lebte mittlerweile in der Nähe von Rosenheim. Er heiratete seine Braut aus Reichenberg und begann eine Ausbildung als Lehrer. Außerdem arbeitete er als Lokalreporter und fing an für Kindersendungen im Radio zu schreiben. 1951 wurde seine erste Tochter, Renate, geboren. Später kamen noch zwei Mädchen dazu: Regine 1953 und Susanne 1958.

Den Beruf als Volksschullehrer übte Otfried Preußler bis 1970 aus. Da war er schon längst ein berühmter Kinderbuchautor. Seine Schüler bekamen die Entwürfe seiner Geschichten oft als Erste zu hören. An ihren Reaktionen merkte er schnell, welche Stellen ihm lustig oder spannend geraten waren – und welche noch nicht.

Sein erstes Buch erschien bereits 1955: „Der kleine Wassermann“. Es wurde für ein Erstlingswerk ein großer Erfolg. Den Durchbruch als Schriftsteller schaffte Preußler zwei Jahre später mit der kleinen Hexe. An dieser Einschlafgeschichte für seine Töchter hat er natürlich noch lange gearbeitet, bis er den Text als Buch herausbrachte. „Die kleine Hexe“ wurde vorgeschlagen für den Deutschen Jugendliteraturpreis, eine große Auszeichnung.

1962 erschien das erste Buch vom Räuber Hotzenplotz, dem später noch zwei Bände folgten, 1966 dann das Buch „Das kleine Gespenst“. Weitere bekannte Bücher von ihm sind „Hörbe mit dem großen Hut“, „Die dumme Augustine“, „Kater Mikesch“, „Die Abenteuer des starken Wanja“ und „Krabat“, ein Jugendbuch, an dem er mit Unterbrechungen zehn Jahre gearbeitet hat. Das ging ihm natürlich nicht bei allen Büchern so. Für das erste Buch vom Räuber Hotzenplotz benötigte er gerade mal drei Monate.

Insgesamt hat Otfried Preußler mehr als 30 Bücher geschrieben, die in 55 Sprachen übersetzt wurden. Die Gesamtauflage seiner Bücher liegt bei 50 Millionen. Otfried Preußler starb am 18.2.2013 in Prien am Chiemsee.

Bilder und weitere Informationen findet ihr im Internet unter *www.preussler.de* und unter *www.thienemann-esslinger.de.*

Name:

Seltsame Sätze

Über die folgenden Stellen aus dem Buch kann man stolpern. Sie klingen für heutige Ohren möglicherweise fremd oder sogar falsch.

Was ist jeweils gemeint? Wie würdest du es ausdrücken?

„Das reicht nicht!", schrie die Wetterhexe Rumpumpel; aber die anderen meinten, das könne man hingehen lassen. (Seite 16)

„Der Korb ist so schwer und ich muss mich ein bisschen verschnaufen." (Seite 41)

„Schütt den Korb aus und pack dich!" (Seite 41)

„Das ist ja zum Dreinhacken!" (Seite 55)

Er stieg auf den Kutschbock, ergriff mit der Linken die Zügel und langte sich mit der Rechten nach alter Gewohnheit die Peitsche her. (Seite 58)

Nach Tisch ging sie meist eine Weile spazieren …
(Seiten 61/62)

Thomas und Vroni fassten sich an den Händen und liefen der Stadt zu. (Seite 67)

Der Hauptmann schoss selbstverständlich als Erster von allen – und blitzte gewaltig daneben. (Seite 74)

Hintennach folgten mit sauren Mienen der Hauptmann und seine Schützen. (Seite 76)

Da zog sie die sieben Röcke bis auf den untersten aus, streifte Schuhe und Strümpfe ab, fuhr in die Filzpantoffeln und sagte: … (Seite 87)

Wart nur, bis sich die anderen Gäste empfohlen haben. (Seite 112)

Sie stellte nun gleich die Kaffeemühle auf den Küchentisch, rannte nach ihrem Besen und sauste mit Windeseile zum Entenweiher. (Seite 124)

Findest du noch andere ungewöhnliche Umschreibungen?

Alphabetische Auflistung alter Ausdrücke

Im Buch von der kleinen Hexe kann man zahlreiche Ausdrücke finden, die im heutigen Sprachgebrauch selten geworden sind. Um sie zu erforschen, braucht man auskunftsfreudige Großeltern, ein gutes Lexikon, ein Herkunftswörterbuch, eine Internetsuchmaschine – oder am besten alles zusammen.

der **Bauchladen** (S. 47): siehe „der Laden“

der **Billige Jakob** (S. 47): Bezeichnung für einen Händler, bei dem die Ware besonders billig ist.

der **Blocksberg** (S. 7): Legendärer Hexentanzplatz auf dem Brocken. Der Brocken ist der höchste Berg im Harz (1142 m), einem deutschen Mittelgebirge.

der **Bub** (S. 62): Im süddeutschen Raum gebräuchlicher Ausdruck für Junge.

die **Büchse** (S. 75): Selten gewordener Ausdruck für Gewehr / Handfeuerwaffe. Interessant ist die Entstehung des Wortes. Im Lateinischen bedeutet *buxis* „Dose aus Buchsbaumholz“. In solchen Behältern wurden früher Arzneien aufbewahrt. Diese Arzneibüchsen waren ursprünglich zylindrisch. Deswegen hat man das Wort „Büchse“ auch für zylindrische Rohre verwendet, wie sie ja auch Handfeuerwaffen haben. Heute gibt es die Büchse als Teekesselwort für Dose / Gewehr.

das **Bratrohr** (S. 78 u. 84): Der Teil des Ofens, in den man die Brote, Bratentöpfe oder heißen Maronen einschiebt. Nicht zu verwechseln mit dem Ofenrohr.

der **Buckelkorb** (S. 34): Korb für schwere Lasten, den man auf dem Rücken trägt.

das **Butterfass** (S. 54): Butter wird aus dem fettigen Rahm der Kuhmilch gemacht. Man kann ihn abschöpfen oder in einer Zentrifuge ausschleudern. Die Weiterverarbeitung des Rahms zur Butter, das Buttern, erfolgte früher im Butterfass. Dort ließen sich durch Kneten und Stampfen die Fettkügelchen des Rahms zu Butter zusammenklumpen.

das **Fuder** (S. 111): alte Mengenangabe: eine Wagenladung voll

das **Holzklauben** (S. 39): Klauben meint „sammeln“, „heraussuchen“ oder „mit Mühe herausholen“. Das Zusammenklauben herabgefallener Äste war für arme Leute die einzige Möglichkeit, an Brennholz zu kommen, und bot die Chance, mit dem Verkauf des Holzes etwas zu verdienen. Heute wird das Wort fast nur noch in der Zusammensetzung „Wortklauberei“ verwendet. Wortklauberei betreibt man zum Beispiel, wenn man sich auf spitzfindige Art mit der Bedeutung von Wörtern beschäftigt, aus ihnen also ihre Bedeutungen herausklaubt. Das tun wir hier gerade sehr ausgiebig, oder? Allerdings wird dieser Begriff meistens negativ verstanden.

irdene Krüge (S. 47): Das Adjektiv „irden“ hat den gleichen Ursprung wie das Wort „Erde“. Zunächst hat man es verwendet, wenn etwas aus Erde bestand, später wurde es für gebrannte Erde, also Ton, verwendet. Ein irdener Krug ist also ein Tonkrug. Verwandte Wörter sind: überirdisch, unterirdisch und außerirdisch.

das **Klaubholz** (S. 38): siehe „das Holzklauben“

der **Krämer** (S. 25): Veralteter Ausdruck für einen Kleinhändler. In seinem Kramladen verkaufte der Krämer auf engstem Raum eine Vielzahl von Produkten: von Haushaltswaren, Geschenkartikeln und Spielzeug bis hin zu Lebensmitteln. Diese Läden hatten eine Ladentheke, an der man bedient wurde. Solche Geschäfte sind heute fast ausgestorben. Sie wurden durch Selbstbedienungsläden und Kaufhäuser verdrängt. Verwandte Wörter sind: auskramen, herumkramen, Krimskrams oder auch Geheimniskrämer.

das **Krautfass** (S. 49): Fass, in dem Kraut (Kohl) so eingelegt wurde, dass es haltbar war, z.B. sauer als Sauerkraut.

Alphabetische Auflistung alter Ausdrücke (Fortsetzung)

der **Laden**, die **Läden** (S. 64): Zu diesem Wort haben sich zwei Bedeutungen entwickelt. Ursprünglich bedeutete das Wort „Laden“ nichts anderes als „Brett“ oder bezeichnete etwas, das aus einem Brett hergestellt war. Später im 17. Jahrhundert wurde der Ausdruck meist speziell für die Bretter vor den Fenstern benutzt, die „Fensterläden“. Aber auch das Brett, das in einer Verkaufsbude ausgeklappt wurde, um die Ware dort auszulegen, wurde so genannt. Zunehmend wurde das Wort dann ebenso als Bezeichnung für den ganzen Verkaufsstand verwendet. So hat sich die Bedeutung des Wortes „Laden“ im Sinne von „Geschäft“ entwickelt. Der Billige Jakob aus dem Kapitel über das Blumenmädchen hat einen Laden, den er vor seinem Bauch tragen kann: einen „Bauchladen“. Du kannst ihn auf dem Marktbild finden. Vergleiche auch das Wort „der Rollladen / die Rollläden“. Ist das ein Geschäft auf Rollen oder …?

die **Muhme** (S. 11): Zunächst ein Wort für die Schwester der Mutter (Tante). Seit mehr als 700 Jahren wurde Muhme aber allgemein für eine weibliche Verwandte benutzt. Heute ist der Ausdruck „Muhme“ kaum noch gebräuchlich.

das **Nudelholz** (S. 54): Hölzerne Rolle, mit der Nudelteig oder anderer Knetteig ausgerollt wird. Da heute nur noch wenige Leute ihre Nudeln selber machen, wird meist das Wort „Teigrolle“ benutzt.

die **Pritsche** (S. 98): Dieses Wort hat mehrere Bedeutungen: (1) einfache, hölzerne Liegefläche zum Schlafen; (2) Ladefläche eines Lkws (Pritschenwagen), bei dem man die Seitenwände herunterklappen kann; (3) Schlagstock, der oben in dünne Brettchen gesägt ist und deswegen klappert. Diese Pritsche, die auch im Buch gemeint ist, wurde früher von Ordnern auf Volksfesten benutzt, später auch von den Narren als eines ihrer Erkennungszeichen. Der Kasper aus dem Kasperletheater trägt eine Pritsche.

der **Rain** (S. 114): Grenze eines Ackers. Verwandtes Wort: „Anrainerstaaten“ (benachbarte Staaten)

der **Reiser** (S. 36): dünner Zweig

der **Reisigbesen** (S. 25): Ein „Reisig“ ist ein Bündel trockener Zweige (Reiser), das man als Handfeger benutzen kann. Bindet man das Reisig an einen Holzstiel, hat man einen Reisigbesen.

die **Schaubude** (S. 98): In einer Schaubude wurden früher auf Märkten und Festen Menschen und Dinge gegen Bezahlung zur Schau gestellt, die für die Besucher ungewöhnlich waren: Menschen anderer Rassen, Kleinwüchsige, Großwüchsige, Gewichtheber, Menschen mit Missbildungen, Erfindungen, fremde Tiere usw.

der **Schindelmacher**, die **Schindelmacherin** (S. 114, S. 116): Schindeln sind dünne Brettchen, mit denen Dächer und Außenwände verkleidet werden. Sie können aus Holz, Schiefer oder Kunststoff sein. Bemerkenswert ist hier, dass die Frau des Schindelmachers mit dem Beruf ihres Mannes bezeichnet wird. Das war früher üblich, auch wenn sie den Beruf nicht mit ausübte und auch nicht mithalf. Frauen hatten in der Regel keine eigenen Berufe. Von den Handwerksberufen waren sie sogar lange Zeit ausgeschlossen.

der **Schürhaken** (S. 54): Eiserner Haken, mit dem man in der Glut herumstochern kann, um ein Feuer neu zu entfachen, es zu „schüren“.

schwippen (S. 58): „Die Peitschenschnur schwippte zurück …“ Das Verb gibt es wirklich. Es bezeichnet die schnelle Bewegung einer Peitsche oder Gerte. Das biegsame Ende einer Peitsche oder Gerte wird als „Schwippe“ bezeichnet.

der **Schusternagel** (S. 6): Früher wurden die Sohlen von Schuhen und Stiefeln häufig mit kleinen Nägeln angenagelt. Vor Erfindung der Gummisohle aus Naturkautschuk bestanden die Sohlen aus Holz oder Leder. Gute Klebstoffe gab es noch nicht. Annähen oder Nageln waren die einzigen Befestigungsmöglichkeiten.

das **Spritzenhaus** (S. 98): Bezeichnung für das Gebäude, in dem eine Feuerwehr ihre Geräte unterbringt. Die Wagen mit den Schläuchen nannte man seit dem 15. Jahrhundert für lange Zeit „Feuerspritzen“.

die **Strohschütte** (S. 47): Vermutlich ein Tragebehälter für Stroh (vgl. „Kohlenschütte“).

toll (S. 29): „Bist du denn toll geworden?“ Das Adjektiv „toll“ wird heute meist nur noch im Sinne von „super“ oder „klasse“ verwendet. Die anderen Bedeutungen sind aber wesentlich älter: dumm, töricht, irre oder ausgelassen, verrückt. Verwandt sind die Wörter: herumtollen, Tollhaus, tollkühn, Tollwut, Tollkirsche (giftige Beere, deren Verzehr einen verwirrt macht).

verbläuen (S. 135): verprügeln. Verwandtes Wort: „einbläuen“ (jemandem etwas durch Schläge beibringen). Übrigens: Diese Wortbedeutung von „bläuen“ hat nichts mit den blauen Flecken zu tun, die man möglicherweise bekommt. Das Wort ist von dem germanischen Verb „bliuwen“ abgeleitet und meint „schlagen, prügeln“.

Vivat (S. 72): *Vivat* heißt im Lateinischen: „Er soll leben!“

die **Walpurgisnacht** (S. 7): Die Nacht vom 30. April auf den 1. Mai. Der Name geht auf die Heilige Walpurga zurück.

das **Wandbord** (S. 66): Regalbrett. „Bord“ ist ein Teekesselwort. Eine zweite Bedeutung ist das Deck eines Schiffes (an Bord gehen, Steuerbord, Backbord).

Name:

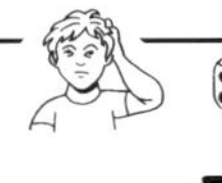
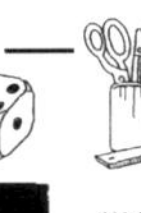

Sprache erforschen | Texte verfassen | **Texte untersuchen** | musizieren | Hexperimente | knobeln | **spielen** | malen, basteln

Hexenrennen

Ein Würfelspiel für 2 bis 6 Hexen

Alle Hexenschüler rasen um das Netz der Riesenspinne Esmeralda. Jeder will zuerst wieder am Ausgangspunkt sein und den anderen dabei das Leben schwer machen. Nicht nur Würfelglück, sondern auch gute Kenntnisse des Buches „Die kleine Hexe“ verhelfen zum Sieg.

Vorbereitung:
Jede Hexe sucht sich eine Farbe aus und platziert ihren Spielstein auf dem Besenstartfeld.
Ein weiterer Stein kommt in die Mitte für das Risiko-Würfeln.
Jede Hexe bekommt zwei Karten „Freundlichkeitszauber“.
Die zwei Stapel mit den selbst hergestellten Reimkarten und Prüfungskarten kommen verdeckt auf den Spieltisch. Ein Würfel wird bereitgelegt.

Spielregeln:
Die jüngste Hexe darf anfangen. Ziel des Spiels ist es, das Spinnennetz schneller als die anderen zu umrunden. Start und Ziel ist der eigene Besen.
Gewürfelt wird immer mit Risiko-Wahl: Erscheint dir der erste Wurf zu niedrig oder ist das Zielfeld ungünstig, darfst du noch einmal würfeln und die Augen des zweiten (dritten, vierten …) Wurfs hinzuaddieren. Wenn du allerdings die Augensumme 6 überschreitest, hast du Pech gehabt und musst stehen bleiben.
Wer auf einem besetzten Feld landet, darf die dort stehende Hexe bis zum letzten Besenfeld zurückschicken (Ausnahme: „Freundlichkeitszauber“!).

Aktionskarte „Freundlichkeitszauber“:
Diese Karte kannst du ausspielen, bevor eine hinter dir stehende Hexe würfelt. Überholt sie dich dann, muss sie dich mitnehmen. Seid ihr auf dem Landefeld angekommen, gibt sie dir sogar noch den Vortritt: Du darfst ein Feld weiter. Landet die Hexe genau auf deinem Feld, darfst du auch ein Feld nach vorne. Die Aktionskarte wird anschließend weggelegt.

Besondere Felder:

Tauschzauber: Landest du auf diesem Feld, darfst du mit der Hexe vor dir die Felder tauschen. Manchmal ist es besser, darauf zu verzichten.

Das Kind zu deiner Linken zieht eine Reimkarte und liest sie vor. Gelingt es dir, den Hexenspruch zu Ende zu reimen, lässt dich die Oberhexe zwei Felder weiterziehen. Falls nicht, musst du stehen bleiben.

Das Kind zu deiner Rechten zieht eine Prüfungskarte und liest sie vor. Abraxas stellt dir eine Frage zum Buch „Die kleine Hexe“. Kannst du sie beantworten, lässt er dich drei Felder vorrücken. Falls nicht, bleibst du stehen.

Feuerbluff: Rumpumpel hat dich am Feuer erwischt. Sie stellt dich zur Rede. Jetzt heißt es: Glück haben oder gut bluffen. Du musst noch einmal verdeckt würfeln und dabei mindestens deine letzte Augenzahl erreichen. Gelingt dir das nicht, kannst du bluffen: Angenommen, du bist mit vier Würfelaugen auf das Feuerfeld gelangt und hast nun nur eine Drei gewürfelt.
Du behauptest aber, ohne mit der Wimper zu zucken, du hättest eine Fünf. Wird dir geglaubt, kannst du fünf Felder weiterziehen. Findet sich aber ein Kind, das deine Behauptung anzweifelt, so musst du den Würfel zeigen und wieder die vier Felder zurücklaufen. Angenommen aber, du hättest wirklich die behaupteten fünf Augen gewürfelt, so muss das zweifelnde Kind die vier Felder zurück.

Hexenrennen

Freundlichkeitszauber-Karten

Freundlichkeits- zauber	Freundlichkeits- zauber	Freundlichkeits- zauber
Freundlichkeits- zauber	Freundlichkeits- zauber	Freundlichkeits- zauber
Freundlichkeits- zauber	Freundlichkeits- zauber	Freundlichkeits- zauber
Freundlichkeits- zauber	Freundlichkeits- zauber	Freundlichkeits- zauber

Hexenrennen

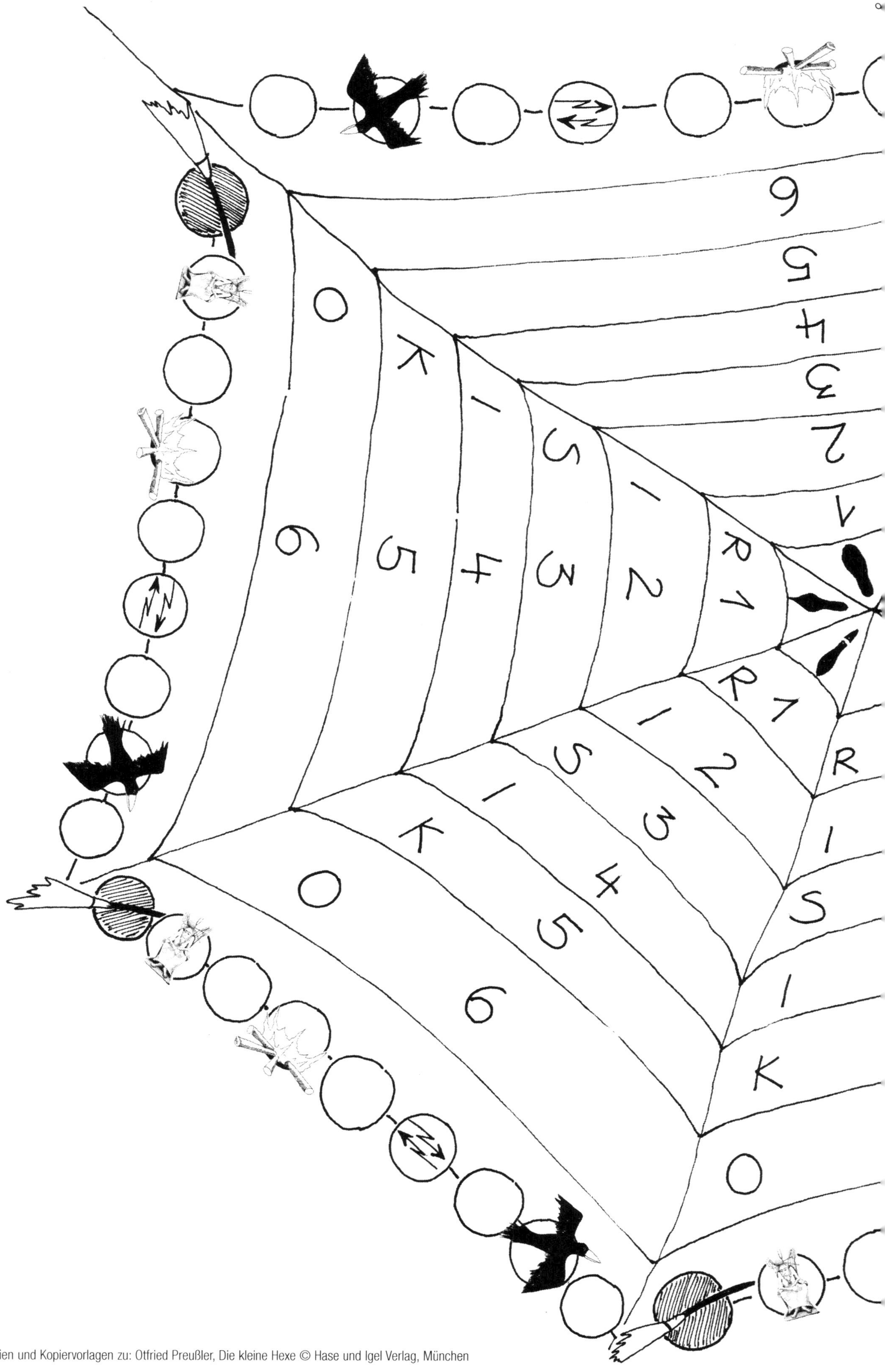

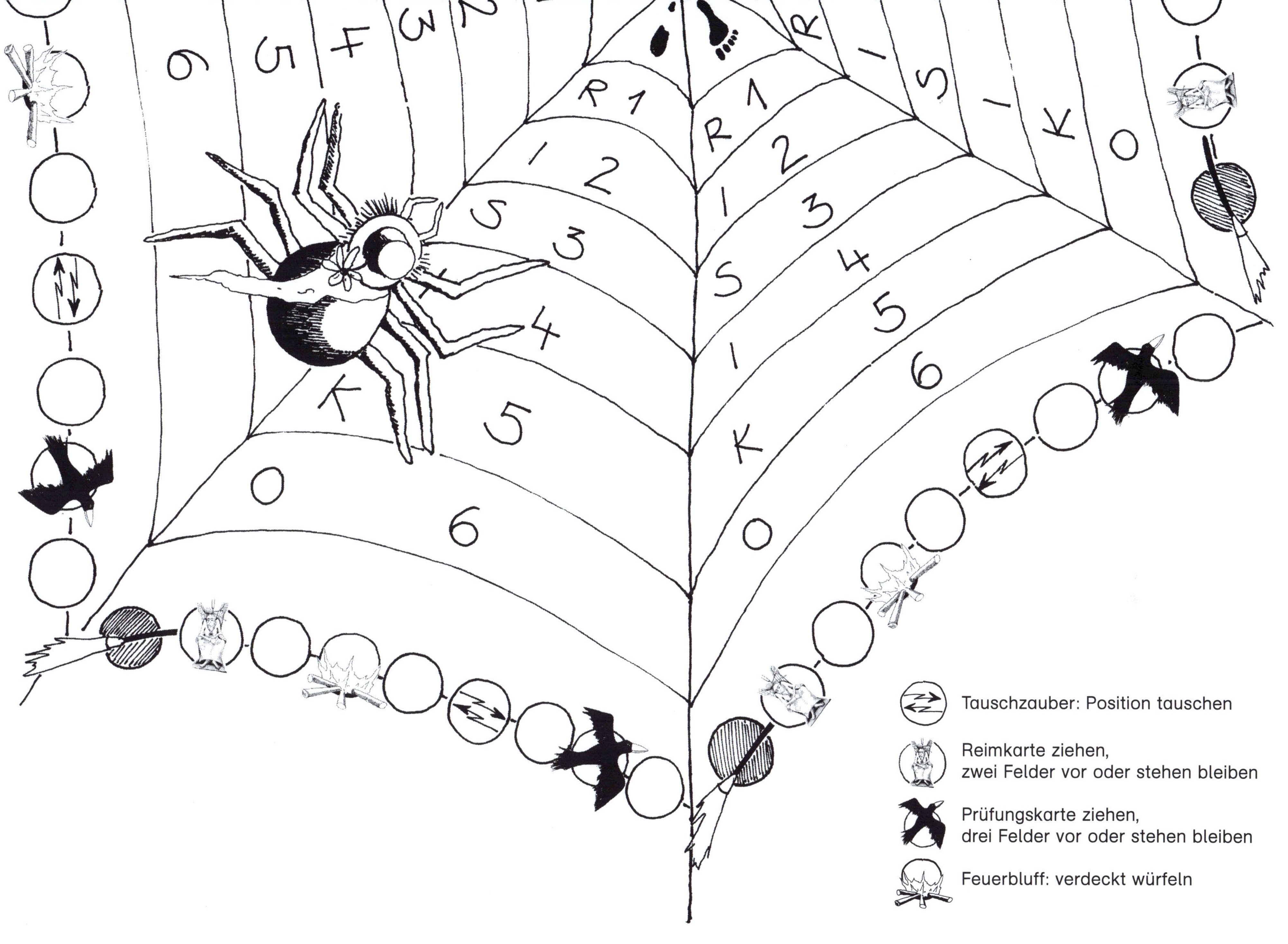
Tauschzauber: Position tauschen
Reimkarte ziehen, zwei Felder vor oder stehen bleiben
Prüfungskarte ziehen, drei Felder vor oder stehen bleiben
Feuerbluff: verdeckt würfeln

Hexenrennen
Reimkarten und Prüfungskarten

✂

Hokuspokus Mathebuch,
du kriegst um Mitternacht ...
(mögliche Lösung: Besuch)

Hokuspokus ______________ ,
______________________ ...
(mögliche Lösung: ______________)

Hokuspokus ______________ ,
______________________ ...
(mögliche Lösung: ______________)

Hokuspokus ______________ ,
______________________ ...
(mögliche Lösung: ______________)

Wie heißt der Berg,
auf dem sich die Hexen
versammeln?
(Lösung: Blocksberg)

____
____
____
(Lösung: ______________)

____
____
____
(Lösung: ______________)

____
____
____
(Lösung: ______________)